조직을 살리는
아이디어 무한창출법

조직을 살리는 아이디어 무한창출법

1판 1쇄 인쇄 2021. 3. 8.
1판 1쇄 발행 2021. 3. 15.

지은이 밥 크론·살레나 그레고리-크론
옮긴이 김기영

발행인 고세규
편집 이주현·심성미 디자인 유상현 마케팅 윤준원 홍보 이한솔
발행처 김영사
등록 1979년 5월 17일(제406-2003-036호)
주소 경기도 파주시 문발로 197(문발동) 우편번호 10881
전화 마케팅부 031)955-3100, 편집부 031)955-3200 | 팩스 031)955-3111

값은 뒤표지에 있습니다. ISBN 978-89-349-9011-6 03320

홈페이지 www.gimmyoung.com   블로그 blog.naver.com/gybook
인스타그램 instagram.com/gimmyoung   이메일 bestbook@gimmyoung.com

좋은 독자가 좋은 책을 만듭니다.
김영사는 독자 여러분의 의견에 항상 귀 기울이고 있습니다.

조직을 살리는
아이디어 무한창출법

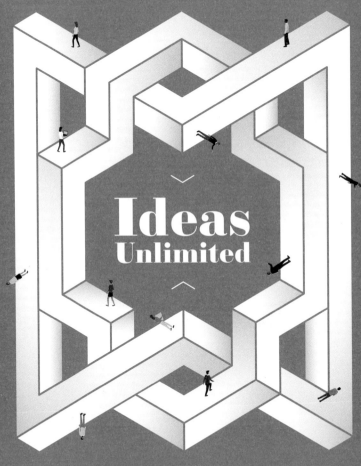

집단 창의력을 끌어올리는 구체적인 지침서

Ideas
Unlimited

밥 크론·살레나 그레고리-크론 | 김기영 옮김

김영사

일러두기

● 이 책은 밥 크론과 살레나 그레고리-크론 공저이나 한국어판 본문의 '나'는 밥 크론을 지칭합니다.

● 원서에서는 부연 설명과 자료 출처를 각주로 배치했으나 한국어판에서는 모두 미주로 옮겼습니다.

발전하고자 하는 모든 사람들에게
To Everyone Desiring to Make Improvements

세상을 변화시키는 가장 중요한 자원은
바로 아이디어이며, 인간의 생존과 발전은
올바른 아이디어를 창출하는 데 달려 있
습니다. 이 사실을 이해하는 모든 분에게
이 책을 바칩니다.

차례

아이디어 무한창출법의 무한한 쓸모

미국 스트라튼출판사에서 출간한 우리의 책을 한국어로 번역한 김기영 교수에게 감사를 드린다.

김 교수는 한국에서 높이 존경받는 경영학 분야의 지도자 중 한 사람이다. 김 교수와의 개인적이고 대학 교육 차원의 친분은 1976년에 시작되어 다행히 오늘에 이르기까지 계속되고 있다.

이 책이 다루고 있는 질적인 창의력 연구 방법은 1926년에 도입되어 국제적으로, 그리고 여러 문화권에서 활용되고 있다. 그 효용성이 2026년이면 100년간의 역사적인 검증을 받게 된다는 사실을 한국의 독자들에게 말씀드리고 싶다.

아이디어 무한창출법은 내가 설립한 케플러우주연구원Kepler Space Institute의 대학원 교육 프로그램에서 우주 탐색과 개발, 그리고 인간의 우주 정착에 관한 연구와 실행을 위해 계속하여 활용될 것이다.

인류의 창의력은 과학, 기술, 엔지니어링을 비롯한 모든 분야, 그리고 지구와 우주 공간에서 인간이 새로운 진화를 하는 데 필요한 동력이 될 것이다.

밥 크론
살레나 그레고리-크론

조직을 위한 아이디어 무한창출법

이 책은 독창적인 사고 능력, 즉 창의력을 키우고 싶은 분들을 위한 것이다. 학생, 경영자, 정치가, 각종 전문직 종사자들에게 매우 유용하고 소중한 아이디어 창출과 문제 해결 능력을 향상하는 데 필요한 개념과 기법을 소개하고 있다.

창의력은 삶의 질을 높이고 차별적인 경쟁 우위를 점하기 위해 인간이 심혈을 기울여 추구해온 가장 중요한 인간의 능력이며 평생 추구할 과제로 인식되고 있다. 지난 수십 년간에 걸친 인간의 노력으로 창의적인 사고와 아이디어 창출을 위한 다양한 개념과 방법들이 개발되어왔다.

예를 들면 브레인스토밍Brainstorming, 델파이 방법Delphi Method, 케프너-트레고 방법Kepner-Tregoe, 수평적 사고Lateral Thinking, 트

리즈TRIZ 그리고 인벤션 하이웨이Invention Highway 등이 우리의 관심을 끄는 대표적인 기법들로 알려져 있다. 이러한 기법들은 나름대로 각각 특정한 범위 내에서 창의력을 훈련하거나 응용할 수 있는 방법을 제시한다.

하지만 지금까지 알려진 이 방법들은 한결같이 '개인의 창의력'을 높이는 데 국한됐다는 한계를 지니고 있다. 개인의 창의력을 향상하면서도 기업과 같이 개인들이 모여서 일하는 '조직의 창의성'을 총체적으로 훈련하고 향상하는 기법에 대한 연구는 별로 이루어지지 못하고 있는 실정이다.

이 책의 주 저자인 밥 크론 박사는 현재 케플러우주연구원의 창립 총장이며 미국 남가주대학교USC의 시스템 관리학system management 명예교수이다. 또한 우주과학자, 항공 전문가, 조종사, 정책과학자, 시스템 분석가, 경영컨설턴트 등 다양한 분야의 전문가로 활동하면서 지난 35년간 창의적 사고 기법, 특히 조직의 창의력을 개발하는 기법을 창안하고 발전시킨 이 분야의 개척자이다.

크론 교수가 제시한 아이디어 무한창출법의 핵심은 '크로포드 슬립 기법Crawford Slip Method'으로 알려진 기법을 출발점으로 발전시킨 것이며 이미 과거 90여 년 동안 미국을 넘어 다양한 나라 공공기관과 민간 차원의 여러 산업 분야에서 영리 및 비영리 조직에 적용하여 효과적이고 효율적인 조직 차원의 창의력 창출 기법으로 검증받아왔다.

이 아이디어 무한창출법의 특징을 요약하면 다음과 같다.

첫째, 아이디어 무한창출법은 다음의 3가지 접근 방법을 동시에 모두 적용한다. 그러한 특징 때문에 이 기법을 창의적 사고의 포괄적이고 효과적인 접근 방법이라고 할 수 있다.

01 창의적인 사람들의 창의성을 분석하고 동기를 부여한다.

02 창의적인 사고 과정을 개발하고 그 방법을 활용한다.

03 창의력을 통해 얻은 결과물 또는 창의적인 제품들에 대한 분석과 평가를 실시한다.

그런데 현존하는 대부분의 기법은 일반적으로 이들 중 하나 혹은 두 개의 접근 방법을 토대로 창의력의 훈련이나 실행을 시도하고 있다.

둘째, 이 책에서 소개하는 아이디어 무한창출법은 직원 개개인의 창의성을 진작시키는 동시에, 그들의 창의적인 사고를 조직의 창의력으로 승화시켜 조직의 전략과 정책 결정에 연결시키는 기법이다. 경영진은 이를 통해 구성원들의 집단적 창의력을 확보하고 혁신을 달성하도록 하는, 이른바 '창조경영'을 추진할 수 있을 것이다.

최근 들어 기업과 정부, 공공기관이나 민간기관들이 개별 구성원들이 함께 개발한 창의성을 어떻게 조직 경쟁력 향상에 활용할 것인지를 중요한 과제로 인식하는 추세다. 이것은 조직 내 구성원 각각의 창의력은 출중한데 그들이 일하는 조직의 대외적 경쟁력이 부실한 경우가 매우 흔하다는 사실을 생각할 때, 집단적 창의력을 향상하는 것이 현실적으로 매우 중요하다고 확신하게 되었기 때문이다.

이 책은 개인뿐만 아니라 다양한 사람들이 모인 조직의 창의력, 다시 말하면 여러 사람이 함께 아이디어를 창출하는 조직 차원의 창의력을 대상으로 한 기법에 있다. 다년간의 연구와 실험을 통해 얻은 독창적인 개념과 방법이 기존의 다른 기법들과 구별되는 점이라 할 수 있다.

이 기법은 구성원이 가장 효과적으로 조직의 문제를 이해하고 창의적으로 해결할 수 있는 자원이라는 전제하에서 출발한 것이다. 따라서 구체적으로는 창의력을 발휘하여 문제를 해결할 참여자들(핵심 집단)을 선정하고, 조직의 창조적 혁신을 위해 해결해야 할 과제(문제 또는 목표 사안)를 명확히 선별하는 일이 중요하다.

핵심 집단의 구성원들이 사전 질문에 서면으로 응답하게 함으로써 빠른 시간 안에 가능한 많은 정보와 아이디어를 수집한다.

이 수집된 정보들을 분류하고 다시 아이디어를 수집하는 과정을 반복하면서 새로운 아이디어로 유도하며 창출된 아이디어를 융합하고 정리해나가는 과정을 되풀이한다.

직원들이 느끼는 두려움을 제거하기 위해 구성원들은 익명으로 의견을 제시한다. 이 기법은 간단하지만, 개인의 창의력을 자극할 뿐 아니라 집단적인 창의력으로 수렴하는 과정에서 매우 강력한 동기 부여의 효과를 발휘하게 된다.

이 프로그램은 최고경영자들이 창의력이란 무엇이며 어떻게 실현되는지를 이해하고 직원들을 활용하여 조직의 창의력을 이끌어내는 역할을 할 수 있게 하는 것이 궁극적인 목적이다. 아이디어 무한창출법이 창조경영을 위한 가장 적합한 조직 차원의 창의력 개발 기법임을 확신한다.

아이디어 무한창출법을 훈련하거나 실제 문제를 해결하는 지침서로 활용할 경우, 참여자들이 모인 현장에서는 물론이며 참여자들이 한자리에 모이지 않고 원격 방식으로도 이용할 수 있다. 개인과 조직 차원의 문제 해결을 위한 창의력을 발휘함으로써 창조적 경영을 추구하는 경영자들이 아이디어 무한창출법의 탁월한 가치에 크게 만족할 수 있기를 기대한다.

나는 근 40년간 크론 교수와 동료이자 친구로 지내왔다. 그에게 자신이 개발한 아이디어 무한창출법을 청소년과 대학생 그리고 일반인, 경영자, 정부 관료 등 전문가를 위해서 창의력과 문제 해결 능력 함양을 위한 기본 교재로 출간할 것을 수년간에 걸쳐 제의해왔다. 드디어 이 제안을 받아들여 2007년에 이 책의 초판을 출간했다.

2019년에는, 초판 출간 이후 10여 년 동안 이 기법을 사용하면서 얻은 경험을 토대로 초판의 내용을 보완한 개정판을 발행했다. 이 한국어판은 그 개정판을 번역한 것이다. 저자들에게 감사한 마음을 전하며 진심으로 축하해 마지않는다.

김기영

마침내 아이디어 무한창출법을 만난 당신에게

이번 개정판은 지난 10년간 축적해온 정성적qualitative 아이디어 창출법의 적용 사례를 모아서 새롭게 보완한 것이다. 이 기법의 이론과 실제 활용에 대한 검증은 1925년 그 개념이 처음 소개된 이후 문화와 관행이 다른 여러 나라에서 다양한 분야에 걸쳐 이루어졌다.

문제점 발굴이나 해결안 도출에 있어서 이 기법은 다가오는 21세기에서도 계속해서 그 활용의 폭이 넓어지고 유용성이 입증될 것으로 확신한다. 정보화 시대에서는 더 복잡하고 난해한, 지금까지 경험하지 않은 많은 문제를 당면할 것이다.

이에 따라 아이디어 무한창출법은 국제적 정보망과 사회적 미디어의 발전에 힘입어 그 활용 범위가 넓어질 것이며 사용 가치

또한 더욱 확고하게 입증될 것이다.

아이디어 무한창출법은 인터넷 웹사이트 환경에서도 쉽고 빠르게 배우고 활용할 수 있다. 예를 들면 미국 캘리포니아 소재 라시에라대학교La Sierra Univ. 경영대학 홈페이지에 그 내용이 준비되어 있으며, 앞으로 이 기법의 원리와 활용 방법에 대한 더 자세한 내용을 찾아볼 수 있을 것이다.

이 기법을 처음 배우고 실제 문제에 적용하려는 독자들에게 한 가지 당부하고 싶은 말이 있다. 내용이 간단해 보이기 때문에 독자들이 혹시 충분한 준비나 연구 없이 실제 문제에 적용할 수 있지 않을까 하는 확신을 쉽게 갖게 될지 모른다.

그러나 이 기법은 겉으로 간단해 보이지만 제대로 적용하려면 사람들을 통해서 아이디어나 정보를 개진하게 하고 수집된 자료를 분류하여 의미 있는 정보로 재구성하는 분석 능력이 필요하다. 그러므로 상당한 기간 훈련을 통해서 익숙해지지 않으면 원숙하고 완벽한 결과를 기대하기 어렵다.

조직 차원에서 구성원들을 어떻게 유도하고 참여시킬지와 과제의 의미가 무엇인지를 조직 행동론적 차원에서 효과적으로 관리해야 이 기법으로 좋은 성과를 얻을 수 있다는 뜻이다. 이 기법이 최적화될 수 있는 방법을 배우고 획기적인 효과를 얻기 위해서는 특히 제9장을 참조하기 바란다.

아이디어는 다른 동물에서 볼 수 없는 인간 특유의 본질을 나타내는 것이라 생각한다. 우리는 2018년 8월 31일 구글에서 '아이디어ideas'를 탐색해보았다. 0.38초 만에 구글은 7억 4천만 개의 검색 결과를 알려주었다. 이는 우리 인간이 얼마나 방대한 아이디어를 토대로 생활하며, 또한 사회가 정보 기술에 의해 얼마나 놀라운 속도로 아이디어를 검색할 수 있는지를 단적으로 보여준다.

이러한 현상은 10년 전과 비교해볼 때 정보 탐색에 걸린 시간이 놀랍게 빨라지고 있다는 사실을 말해준다. 만일 100년 전에 이러한 탐색을 시도했더라면, 시간을 얼마나 소비하건 간에 불가능했을 것이다.

철학자 플라톤은 아이디어의 속성을 처음 간파한 사람이다. 윌 듀런트는 아이디어의 본질을 "고등교육의 핵심은 아이디어를 탐구하는 것이다"[1]라고 결론을 내린 바 있다. 플라톤은 그의 스승인 소크라테스가 기원전 399년에 판결을 받고 독살되었을 때 28세 청년이었다.

이로써 우리는 아이디어를 창출하는 것이 인간에 있어 이렇게 중요하다고 생각하기 시작한 시점이 적어도 2,400년 전으로 거슬러 올라간다는 것을 알 수 있다. 그리고 우리는 인간의 사고와 창의성이 수백만 년 동안 인류의 생존에 얼마나 주요한 요소였는지를 확신하지 않을 수 없다.

끝으로 독자들에게 저자인 본인과 공동 저자인 살레나 그레고리-크론을 소개하고자 한다. 나와 살레나 두 사람은 1970년대 업무상으로 처음 알게 된 동료 사이이다. 자연히 나의 아내 수와 살레나의 남편 노리스 그레고리도 직업적, 사회적으로 친밀하게 가까운 친구로 지내다가 2011년에 살레나가 남편과 사별하고 2014년에는 나의 아내 수가 세상을 떠났다.

살레나와 나는 업무 파트너로 함께 일하다가 부부의 연을 맺게 되었다. 살레나는 34년간 미국 정부에서 공군과 국방부의 민간 공무요원으로 근무했으며 현재 케플러우주연구원의 연구위원으로 근무하고 있다.

나와 살레나는《아이디어 무한창출법》의 개정판과《인류의 필요에 대한 우주의 풍요성Space Abundance for Humanity's Needs》(2018)이란 책 출간에 참여했다. 이 저술 작업은 학술지〈우주철학 저널The Journal of Space Philosophy〉과 케플러우주연구원의 교육, 연구 및 각종 사업의 일환으로 이뤄진 것이다.

1

왜 아이디어
무한창출법인가

기업의 구성원들은 누구보다도 현장을
잘 알고 있다. 따라서 우리는 그들의 지식
을 모아서 활용할 필요가 있다.

에드워즈 데밍, 캘리포니아 코스타메사 세미나 중(1989)

이 책은 아이디어 무한창출법Ideas Unlimited을 간단하고 명료하게 소개하고 있다.

이 기법은 1958년에 출판되어 수백만 권이 팔린 《브레인스토밍: 성공적인 아이디어를 어떻게 창출할까?Brainstorming: How to Create Successful Ideas?》의 저자 찰리 클락Charlie Clark이 극찬한 바와 같이, 현재 존재하는 아이디어 창출법 중 가장 효과적인 기법으로 평가받고 있다. 어떤 개인이나 그가 일하고 있는 조직이 어떻게 창의적인 아이디어를 무한정 창출하여 경쟁력을 발휘할 수 있는지 그 구체적인 방법을 소개하는 데 목적을 두고 있다.

이 기법이 기본적으로 채택하고 있는 하나의 전제는 어떤 조직을 막론하고 현장 업무 담당자들이 바로 그 "조직의 업무 혁신이나 개선을 위해 필요한 전문적인 지식과 아이디어를 창출해 낼 수 있는 가장 중요한 자원"이 된다는 것이다. 따라서 이 기법은 구성원 개인의 창의력을 기반으로 조직의 창조성을 조직 차원에서 이끌어내는 기법이라고 할 수 있다.

다시 말하면 이 방법을 효과적으로 수행하기 위해서는 경영자들이 그 조직의 구성원들이 강제하지 않는 환경에서 자발적으로 아이디어를 창출할 수 있는 방법을 찾아야 하며, 끊임없이 그들에게 동기를 부여하는 노력이 필요하다.

역사적으로 볼 때, 아이디어가 기록되고 축적될 수 있을 때 인간의 진보는 이루어지기 마련이다. 아이디어는 인간이 두뇌와 마음으로 인식되는 어떤 사물에 대한 개념과 지식, 즉 사람이 가진 실행 가능한 구체적인 의견(생각)을 의미한다.

두뇌 능력의 활용은 역사적으로 인류를 위한 변화의 원동력이 되어왔다. 인간의 지적 능력은 위대한 철학, 문학, 예술, 음악, 군사전략, 과학적 발견, 건축 등에서 혁신을 이룩해왔다. 아이디어는 이렇게 세계를 계속해서 변화시켜왔으나 어떤 경우는 좋은 방향으로 또 어떤 경우는 더 나쁜 방향으로 인류에게 영향을 미친다는 특징이 있다.

20세기 이후에 인간의 아이디어는 컴퓨터와 정보 통신의 발전을 가져왔고 지구상에서의 정보 통신은 물론 우주와의 통신이 가능해짐에 따라 사람 사이에 아이디어의 공유가 어디서나 실시간으로 가능해졌다. 이러한 인류의 생활 변화는 미래에 더욱 가속화될 것이 분명하다.

고등생물학적 진화에 따라 아이디어는 생물학적 유기체로서 기본 개체인 인간이나 조직체인 사회의 본질과 특징 그리고 그 행위를 결정한다.

_ 조너스 소크, 《가장 현명한 사람의 생존The Survival of the Wisest》(1973)

아이디어를 획득하는 원천에는 크게 다음의 4가지가 있다.

〈정리 1.1〉 **아이디어 획득의 4가지 원천**

01 도서관, 이미 문서화된 아이디어들을 찾아볼 수 있는 전통적인 원천(책, 문서, CD 등)
02 관찰에 의한 학습
03 사람들의 마음에 있는 기록되지 않은 사고(기억)로부터 창출
04 인터넷, 즉 기록되어 있는 아이디어의 국제적인 정보망 검색

이 책에서는 주로 세 번째 원천에 초점을 맞추고 있다. 정보혁명은 우리에게 많은 변화와 혜택을 가져다주고 있는 한편, 아이디어를 효과적으로 수집하고, 문서로 편집하며 조직화해야 할

필요성을 점차 증폭시키고 있다. 이러한 작업을 수행하는 데 발생하는 여러 문제들은 훨씬 복잡해지며 그 추세도 점차 가속화되고 있다.

아이디어의 창출로 생기는 사회적 변화는 기하급수적으로 증가한다. 이 변화에 대응하지 못하는 조직들은 물론이고 직원들의 능력이 새로운 환경에 적응하지 못하면 고용 기회가 사라지고 이직률이 높아진다.

이로 인해서 기업, 정부, 학교, 병원, 군대 및 비영리 조직의 전문 지식 수준이 떨어질 가능성이 높아진다. 그리고 공교육 현장에서 가르치는 기본적인 지식들은 빠르게 변화되는 새로운 업무에 적용하기 어려우며, 많은 경우에 새로운 현장 업무에 더 이상 적용될 수 없는 낡은 지식이 될 가능성이 크다.

기업이나 조직들은 각기 특유의 기계나 설비, 그리고 조직 내 구성원 사이에는 그 조직 고유의 내부적인 상호 관계와 업무 절차를 가지고 있다. 이러한 점을 고려할 때, 어떤 조직에서 획일적으로 집단적인 지시group instruction를 했다고 가정해보자.

흔히 구성원들과 관련이 없는 지시를, 잘 준비되지 않은 지시자들에 의해 적절치 못한 시기에 시행함으로써 좋은 결과를 내지 못하기 십상이다. 마찬가지로 우리가 흔히 사용하고 있는 '일하면서 배우는 현장교육On-the-job-training'도 필요하기는 하지만 배우기도 쉽지 않고, 가르치기도 쉽지 않아 종종 기대보다 효과를 내지 못하는 경우가 많다.

따라서 우리가 필요로 하는 것은 특정 조직에서 일하고 있는 구성원들이 현재 알고 있는 업무 관련 전문 지식을 빠르고 효과적으로 수집하여 기록하고, 그것을 여러 곳에 활용할 수 있도록 전문적인 업무 지식의 수집 및 분배 시스템을 확보하는 것이다. 조직의 구조와 기능 속에서 실제로 일하고 있는 사람들의 아이디어를 활용하는 것이 중요하다는 인식은 경영자들에게 일반적으로 받아들여지는 추세라 할 수 있다.

아이디어 무한창출법이 사용되기 시작한 이래, 지난 90여 년간 사람들의 기술, 전문적 지식은 물론, 문제의 인식과 해결책을 활용하는 것은 해당 조직의 발전을 위해 가장 효과적인 기법이었다. 모든 조직의 경영자들이 이를 점차 인식함에 따라 이 기법의 사회적 평가와 유대감은 계속해서 증가해왔다.

이 기법은 단순한 실험을 위한 도구가 아니다. 이것은 시스템과 문화 환경이 다른 여러 국가에서 그 유용성이 빠르게 검증되어왔다. 따라서 이 기법의 적용 범위는 사람들의 개인적인 생산성 향상 영역을 넘어 국제적인 차원은 물론, 우주에서의 문제 해결 영역으로까지 확대될 것으로 생각한다. 이미 수십 년간 활용되어왔으며, 미래에는 활용 분야가 더 넓어지고 활용 속도에도 가속이 붙을 것이다.

우리는 새로운 천 년을 맞이했다. 정보화 시대로 규정되는 이 사회에서는 지적 능력, 즉 아이디어에 의해서 승패가 갈리는 것이 특징이다. 그리고 지식과 아이디어를 기반으로 하는 조직들은 살아남을 것이며, 지식을 가장 효과적으로 축적하여 가장 효율적으로 사용하는 나라들은 장차 초강대국이 될 것이다.

이 책은 여러분들이 자신의 활동세계에서 지성과 지적 능력을 훈련하여 아이디어를 무한 창출하도록 길잡이 역할을 하고자 한다.

2

아이디어
무한창출법이란
무엇인가

아이디어는 인간 특성의 본질이다.

밥 크론, 남가주대학교 강의(1982)

클로드 크로포드Claude C. Crawford 박사가 1925년도에 발표한 크로포드 슬립 기법에 대한 이야기는 이 책의 '감사의 글'에 실려 있다. 핵심은 브레인스토밍 기법의 창안자 찰리 클락이 "크로포드 슬립 기법은 인간의 생각을 기록하는 하나의 혁명적인 접근 방법"[2]이라고 칭찬했다는 것이다.

클락은 일찍이 자기 스승인 웨렛 차터스Werret W. Charters 박사로부터 2가지 중요한 원칙을 배웠다.

첫째, 문제점을 확인하고 그 해결책을 찾는 것이 정부와 기업 등 조직은 물론, 교육과 인생 과정에서 가장 중요하고 근본적인 도전이라는 것이다.

둘째, 개선 또는 해결을 위해 필요한 아이디어의 가장 좋은 원천이 그 직무에 종사하고 있는 사람들이라는 점이다.

1925년 이전에는 차터스 박사가 말한 "기록되지 않은 특정 아이디어"를 수집할 수 있는 방법이 없었다. 차터스 박사 본인이 '크로포드 슬립 기법'이라고 이름 붙인 클락의 발명품이 1925년 세상에 나오면서 이 문제를 해결하는 것이 가능해졌다.

크로포드 박사는 미국의 경영진에게 전문 지식의 원천 중 하나가 기업에서 자동차를 생산하고 소비자에게 서비스를 제공하며 기업의 전략과 세부 작업 절차를 관리하는, 기업 직원들이어야 한다는 아이디어를 처음으로 알렸다.

이로부터 25년이 흐른 뒤, 에드워즈 데밍Edwards Deming 박사와 조지프 주란Joseph Juran 박사는 제2차 세계대전 후에 일본으로 건너가서, 이 원칙과 기법을 토대로 하는 품질관리와 품질경영을 가르쳤다. 그리고 미국 기업 경영진이 이 아이디어를 받아들이기 시작한 것은 다시 25년이 지난 후였다.

이 원칙을 완벽하게 수용한 일본 자동차 산업은 산업의 경쟁력을 끌어올려 미국 자동차 시장에서 약 30%의 점유율을 장악하기에 이르렀다. 미국 제조업 분야에서는 일본 기업과 경쟁하기 위해 아이디어 창출법에 의한 데밍과 주런 박사의 품질관리 원칙을 받아들이지 않을 수 없었고 그 결과로 전사적 품질관리 제도Total Quality Management를 도입하게 되었다.

아이디어 무한창출법은 크로포드 슬립 기법을 모체로 태어났으며 1980년대의 정보화 시대를 거치면서 컴퓨터와 인터넷 기술에 의한 자료 수집 방법을 이용하게 되었다. 그러나 이 크로포드 슬립 기법과 아이디어 무한창출법의 이론과 기본적인 방법은 동일하다.

아이디어 무한창출법의 핵심 이론과 기본적인 구조를 설명하면 다음과 같다.

아이디어 무한창출법의 이론과 핵심 요소

아이디어 무한창출법은 전략, 정책, 계획, 프로그램, 절차, 업무 또는 절차상의 문제점들을 해결하기 위해서 사람들로부터 아이디어를 수집하고 조직화한다. 이 기법은 제안자(응답자)로 참가하는 사람들이 목적 달성을 위한 설문에 응답하게 함으로써 아이디어를 수집한다.

참가자들이 한 장소에 모여서 토의하는 경우는 개별적인 의견을 종이에 적어서 제출하는 수작업 방식을 사용한다. 정보 시스템에 의한 온라인 방식을 사용할 경우, 유튜브, 줌, 스마트폰 문자, 카톡 또는 이메일이나 웹사이트를 통해서 각자의 아이디어를 수집하여 편집할 수 있다.

아이디어 창출에 참여하는 사람들이 그들의 의견을 하나씩 적어서 제출하면 이들을 모아 정리했을 때 그 특정 집단이 갖고 있는 전문 지식, 아이디어, 문제점, 해결책, 개선책, 그리고 그 집단의 건의 사항들을 정리한 결과물을 얻을 수 있다.

이때 아이디어 제안자(응답자)로 참여하는 사람들이 반드시 주어진 시간에, 동시에, 독립적으로, 익명으로, 그리고 신속하게 응답하도록 해야 한다. 그리고 이러한 의견들은 반드시 서면으로 제출되며 응답자의 생각으로부터 나온 것이어야 한다. 이러한 핵심적 기본 규칙들이 아이디어 무한창출법이 다른 기법들과 명확히 구별되는 요소이다. 이 기법은 2가지 작업을 거쳐 완결된다.

첫째는 계량적이 아닌 정성적qualitative으로 수집된 자료(참가자의 의견 등)들을 주제어별로 분류하는 작업이다. 둘째로는 주제별로 분류된 자료를 검토하면서 유사한 것은 합치고 중복된 것은 없애며 자료를 양적으로나 수적으로 축소하여 의미 있는 최종 보고서를 작성한다. 이렇게 얻은 결과를 최종적인 의사결정 및 문제 해결 보고서로 만들어내는 것이다. 이것이 어떤 조직의 지도자나 기업의 경영자가 필요로 하는 효과적인 아이디어 창출 시스템의 모델이다.

독자들은 아이디어 무한창출법이 창출해내는 정성적인 자료가 바로 현재 주어진 환경에서 여러분들이 원하는 가장 합리적인 아이디어이며 '가장 현실적인 해결안'임을 충분히 이해하게 될 것이다.

이렇게 질적인 분석 방법을 통해 얻은 아이디어는 정량적이고 통계적인 방법으로 얻은 수적인 결과와 근본적으로 다르다는 것을 알 수 있다. 문제 해결을 위해 그 업무에 종사하는 사람들의 의견을 수집하여 질적으로 분석한 아이디어와 통계적으로 조사하여 얻은 양적인 수는 기본적으로 차이가 있기 때문이다.

아이디어 무한창출법이 가장 훌륭한 정성적인 아이디어 창출법으로 평가받는 이유에는 다음과 같은 중요한 규칙이 있기 때문이다.

1. 의사결정자와 직원 간의 거리 제거

조직에서는 조직이 성장함에 따라 예상치 않은 일들이 생기는 경우가 흔하다. 필연적으로 조직의 경영자들과 직원들 간의 이해관계가 충돌하며 상호 간에 거리가 생기는 현상이 나타난다.

경영진이 직원과 함께 참여하여 얻는 협력의 가치를 제대로 구현하지 못하면서, 위에서 아래로 상의하달의 일방적인 지시 통제 형태의 경영 방식을 채택한다면 이러한 거리 문제는 점차 악화된다.

이러한 경영자와 구성원 간의 괴리 현상은 사실상 여러 복잡한 원인들로 인해서 나타나기 때문에 상호 간에 이해가 대립하면서 거리가 점차 멀어지는 것이다. 따라서 경영자의 입장에서만 문제를 바라보거나 해결하려는 방법으로는 근본적인 해결책을 얻기가 매우 어렵다.

경영자와 구성원 간의 거리가 있는 경우라 할지라도 아이디어 무한창출법을 사용하면 모든 구성원이 독립적으로, 익명으로, 동시에 의사를 제안할 수 있기 때문에 실제로 조직이 갖고 있는 구성원의 개성personalities이나 정치적인 행동으로부터 영향을 받지 않게 된다.

경영진이 모든 구성원의 아이디어를 정성적이고 객관적으로 평가할 수 있도록 함으로써 지도자와 직원 간의 갈등과 거리 문제를 극복하고 조직 전체를 위한 아이디어를 창출하여 문제 해결의 효과를 거둘 수 있다.

2. 아이디어 수집의 시스템 접근 방법

의사결정을 위해 제안자(응답자)로 참여 그룹에 속한 사람은 누구나 자신만의 특정한 경험을 통해 조직에 기여할 만한 지식이나 경험을 가지고 있다고 전제된다. 응답자들이 전문 지식을 잘 제공할 수 있도록 그들에게 최대한 가깝게 다가가야 한다. 아이디어 무한창출법은 이를 위해서 체계적인 접근 방법을 적용한다.

우리는 누구나 자기가 하고 있는 업무에 자신이 중요하다는 느낌을 가질 필요가 있다. 그뿐만 아니라 우리가 하는 업무에 자기도 기여하고 있으며, 우리의 의견이 높게 평가받고 있다는 자긍심을 가질 필요가 있다.

아이디어 무한창출법은 이러한 사람들의 자긍심을 해치지 않기 위해 '익명'으로 의견을 제안하게 하는 것이 특징이다. 이 방법은 자신의 견해가 타인의 비판이나 반격을 받을 것이라는 두려움을 제거해주기 위한 것이다. 이 점이 브레인스토밍 등 기존의 기법들과 근본적으로 차별화된 특징이다.

응답자들은 의사결정자들에게 자신의 정직한 의견을 전달하길 원하기 때문에 익명으로 수집되는 응답 자료는 자연히 질이 높다. 그리고 응답 시간을 줄이기 위해서 주제당 10분으로 한정한다. 평균적으로 1분 안에 1개의 아이디어를 제출하도록 지시하며, 다른 방법에 비해 수집되는 자료의 양이 매우 많아진다.

자신의 경험에 초점을 맞추어, 모든 참여자는 설문에 대한 간단한 의견을 적어 제출한다. 익명으로 의견을 제출하기 때문에 정치적이거나 응답자의 개인적인 편견으로부터 자유로운 아이디어를 수집할 수 있다. 따라서 이러한 아이디어들은 그 자체가지닌 의미와 가치에 따라 더 객관적으로 평가될 수 있다.

이렇게 수집된 전체 자료는 결과적으로 그 일을 직접 수행하는 구성원들로부터 얻은 구체적인 전문 지식의 종합 자료가 되며 그 조직을 위한 개선책과 혁신 방안을 제안할 수 있게 된다.

3. 경제적인 실현성

아이디어 무한창출법은 매우 다양한 분야에서 활용되어왔다. 그럼에도 불구하고 이 기법을 준비하거나 실제로 문제 해결을 위해 아이디어를 창출하는 과정에서는 그렇게 큰 비용이 소요된 적이 없다.

아이디어 창출을 위한 이 기법의 운영은 신속하게 진행된다. 참가한 사람들에게 시간 절약은 이 기법이 가진 또 하나의 중요한 이점이다. 표적이 되는 주제에 대한 설문지는 일반적으로 간단한 설명과 질문으로 작성하여 참가자들에게 나누어주고 각자의 의견을 1~2분 안에 글로 작성하여 제출하게 하는 방식이다.

따라서 아이디어 무한창출법에서는 여러 페이지에 달하는 긴 질문서나 의견을 적은 응답지는 사용되지 않는다. 그리고 소요되는 응답 시간이 아주 짧은 것이 특징이다.

그러나 수집된 아이디어들을 토대로 실제 업무에 적용할 해결 방안을 기안하고 설계하기 위하여, 제안자(응답자) 집단에 참여할 사람들을 선정하고, 응답 자료를 수집하고 분류하며, 의사결정을 위해 용역을 의뢰한 고객에게 제출할 보고서를 준비하는 데 소요되는 분석 시간은 별개다. 그리고 최종 보고서를 작성하는 데 걸리는 시간은 다른 전문적인 아이디어 산출 기법들과 크게 다르지 않다.

4. 민주주의적 방식

의견을 제안하는 응답자 집단 참가자에게 균등한 기회가 주어진다는 점이 또 다른 장점이다. 따라서 아이디어 무한창출법은 완벽하게 민주적이다. 이 특징이 바로 브레인스토밍과 다른 점이다.

아이디어 무한창출법에서는 다른 방법에서 일반적으로 볼 수 있는, 토론을 좌지우지하는 공격적인 구성원이나 수줍은 성격이라 사람들 앞에서 의견 발표를 두려워하는 사람들을 볼 수 없다. 아이디어 무한창출법에서는 각자의 의견을 익명으로 적어서 제출하기 때문에 이러한 현상이 나타나지 않기 때문이다.

극단적인 정치 단체나 불량한 조직과 같이 구성원들에게 독단과 집단사고group thinking를 강요하는 전체주의적인 조직에서는 민주적 의사결정을 태생적으로 허용하지 않기 때문에 이 기법을 사용하지 않을 것이다.

다시 말하면 이 아이디어 무한창출법에서는 각자 자신의 특유한 경험과 지식, 교육 내용, 그리고 자기가 선택한 업무에서 터득한 의견을 익명으로 표현하여 영구적인 데이터베이스에 저장하는 길을 보장해주고 있다.

5. 다목적 자료에 의한 문제 해결

아이디어 무한창출법을 개발한 기본적인 목적은 문제를 해결하는 데 전문화되어 있다. 따라서 수집된 모든 자료는 업무 개선을 위한 전략, 전술 및 각종 관련 아이디어를 포함한 하나의 거대한 정보의 창고 역할을 한다.

어떤 조직에서 일어난 문제는 다른 여러 조직에서 발생하는 문제들과 거의 유사한 경우가 많다. 따라서 한 조직에 대한 문제 해결 처방이 다른 조직에 도움이 되는 경우가 매우 흔하다.

예를 들면 가장 성공적으로 활용되는 품질관리운동에서는 한 회사의 성공 사례가 많은 타 기업들을 위한 벤치마킹의 모범 사례로 사용되고 있다. 따라서 한 회사를 위해 아이디어 무한창출법을 적용하여 얻은 문제 해결 자료는 다른 회사의 미래 활동을 위한 참고 자료가 될 수 있다.

크론연구소Krone Associates의 자료집에는 1940년대에 시행한 크로포드 박사의 조사 결과부터 모든 자료가 보관되어 있다. 예를 들어 1960년대 병원관리에 있어서 "적게 투여하면서 더 나은 결과를 달성하는 방법은?"과 같은 질문에 대하여 당시 조사자들이 얻은 많은 대답은 오늘날에도 여전히 적용될 수 있다.

이러한 다양한 목적들은 문제 해결을 원하는 용역 의뢰 고객들에게 무작위 자료들에 대한 체계적 접근 방법을 제공하여 과학적 표준치를 얻을 수 있도록 도와주고 있다. 따라서 완전하고 세심한 분석을 통해 업무 개선에 기여할 수 있는 정보, 결론, 제안을 도출해내도록 운용되고 있다.

시간이 지남에 따라 이러한 성과 개선이 입증되었고 아이디어 무한창출법은 과학적인 조사 방법으로 발전되어왔다.

6. 새로운 아이디어의 연속적인 생성 과정

아이디어 무한창출법은 제안자들이 기억장치에 가지고 있으나, 암묵적 지식tacit knowledge [3]의 일부로 저장되어 있는 아이디어를 불러오게 한다. 그뿐 아니라 이 기법은 연상기억associative memory 효과[4]에 의한 신경학적 과정을 통해서 과거에 가지고 있지 않았던 새로운 아이디어를 만들어낼 수도 있다. 이 원리를 구체적으로 설명하면 다음과 같다.

아이디어 무한창출법은 해결하려는 주제에 관한 설문을 주고 응답자로 하여금 아이디어를 한 번에 하나씩 연속적으로 써서 제출하도록 요구한다. 이 원칙에 따라 새 아이디어를 연속해서 생각할 때, 먼저 제출한 아이디어로부터 연상된 새로운 아이디어가 한 번에 하나씩 파생되어 과거에 없었던 아이디어가 창출되는 결과를 얻는 것이다.

모든 자료가 아이디어 무한창출법의 고유한 종합 과정을 따라 통합된 후에, 자료의 분류와 분석 과정에서 나타나는 새로운 아이디어의 창출을 위한 세 번째 원천을 유추하게 된다. 실제로 이 시스템은 문제 해결을 위해 응답자들이 창출한 아이디어보다 더 많은 아이디어를 산출해낸다.

크로포드 박사는 생물학적, 농학적인 비유를 통해 개별 아이디어들을 통합하고 처리하는 과정에서 어떻게 부수적으로 연관된 아이디어를 산출해내는지를 말한 바 있다. "동물과 농작물에서와 같이 어떻게 아이디어를 키우고 수확물을 재배하는지, 아이디어가 어떻게 더 높은 이익을 생성하는 모체가 되는지"[5]를 설명한 것이다.

자료 분석 전문가에 의해 데이터베이스에 포함된 자료들을 통합, 분류, 분석하는 과정에서 더 좋은 새로운 아이디어들을 얼마든지 추가로 수확할 수 있다는 신념을 피력한 것이다. 이에 관련된 중요한 내용은 제7장에서 자세히 설명한다.

7. 아이디어 제안자 집단의 크기와 환경에 대한 유연성

아이디어 무한창출법을 이용하여 아이디어를 창출할 때 아이디어 제안자 집단을 최소 한 사람으로 두고 진행할 수 있다. 이 방법은 집단적인 조사 방법인 동시에 한 사람이 수행할 수 있는 의사결정 도구이기도 하기 때문이다.

우리는 짧은 시간에 열리는 회의에서 수백 명을 상대로 이 기법을 적용해본 경우도 있지만, 좀 더 진지한 분석 결과를 위해서는 제안자 집단의 크기가 약 20명 정도의 참가자인 경우가 가장 효과적이라고 생각한다. 아이디어 조사 집단의 크기는 커지더라도, 사람들이 각자 업무를 보면서 조사에 참여하는 경우에는 최소한의 응답 수를 확보하기 위해 신경을 써야 하지만, 조사 집단의 크기를 규정하기 위한 특별한 원칙은 없다.

정보 통신 기술의 발전에 따라, 인터넷에 의한 사람 간의 송수신 경험이 축적되어감에 따라, 아이디어 무한창출법을 온라인으로 질문하고 응답하는 방법이 계속 진화되고 있다. 온라인상에서 타깃이 되는 문제를 해결하기 위해 참여자 수천 명에게 질문을 제공하고 그들로부터 아이디어를 받는 것이 이론적으로 가능해졌다.

여기서 아이디어 제안 집단의 구성원들을 선정할 때 고려해야 할 원칙은 그들 모두가 의사결정을 위한 핵심 주제에 대하여 충분한 경험이 있어야 한다는 점이다. 구체적으로 말하면 기술 수준, 조직의 기능에 대한 전문 지식과 업무상 책임 수준으로 볼 때 그 부서를 대표할 수 있는 역량을 가지고 있어야 한다는 것이다.

이 기법을 수십 년간 적용해본 경험으로 볼 때, 이 기법을 이용하여 원하는 아이디어 창출에 실패한 경우는 보지 못했다. 따라서 이 기법은 공공기관이나 민간조직, 그리고 영리와 비영리, 산업계나 정부 조직의 구분 없이 전 세계적으로 적용이 가능하다는 것이 확실히 입증되고 있다. 이에 대한 더 자세한 내용은 제3장을 참조하기 바란다.

8. 단순하지만 정교하고 복잡한 기법

아이디어 무한창출법을 처음 접하는 사람들은 이것이 아주 단순한 도구라는 잘못된 선입관을 가질 수 있다. 실제로는 여러 단계로 구성된 절차와 정교하고 반복적인 분석 방법으로 이루어진 복잡한 구조로 되어 있다. 수작업 방법을 사용하는 경우, 참가자들은 작은 종이쪽지에 자신의 아이디어를 하나씩 적어서 제출하게 된다.

아이디어 무한창출법의 정교하고 복잡한 특성을 비유하자면, 마치 컴퓨터 프로그램이나 그 결과물에 입력된 하나의 정보가 중요한 것처럼 이 기법에서 아이디어를 적은 하나의 카드도 그

만큼 중요하다.

하나의 서면 응답과 하나의 이메일 응답 사이에는 기술적으로 서로 차이가 없다. 특정 문제에 대해 많은 사람의 의견을 시간을 들여 수집한 아이디어 전체 자료는 전문 지식과 개선을 위한 여러 제안으로 이루어진 하나의 모자이크 형태를 구성한다.

이것은 어느 한 사람의 생각으로는 만들어낼 수 없는 수준이며 아이디어를 창출하는 다른 어떤 방법들도 이와 같은 효과를 낼 수 없다. 지난 35년간에 걸쳐 여러 방법을 비교해봄으로써 이러한 결론에 도달하게 되었다.

확신하건대 아이디어 무한창출법을 이용해보지 않고는 남녀노소의 마음속에 얼마나 많은 훌륭한 아이디어들이 저장되어 있는지를 결코 알 수 없을 것이다.

9. 거시적 접근에서 미시적 접근으로의 통찰

독자들은 아이디어 무한창출법을 이용하여, 알고 싶은 여러 사항에 대하여 아이디어를 찾아볼 수 있다. 예컨대 어떤 모임의 참가자 전체를 대상으로 동시에 또는 반복해서 사람들을 면접하여 타인의 생각이 아닌 자신만의 생각을 수집한 하나의 자료집을 만들 수 있다.

독자 여러분은 개인적으로 필요할 경우 이론적이고 전략적인 사고를 찾아서 정리할 수 있으며, 또는 어떤 조직의 숨어 있는 현행 시스템의 여러 현상을 파악할 수 있다. 어떤 조직에서 상사에게 말하기를 원했지만 두려워서 그렇게 하지 못한 몇몇 사항에 대한 직원들의 제안을 찾아낼 수도 있다.

아이디어 무한창출법에 **황금 아이디어**Golden Idea라고 부르는 특별한 개념이 있다. 황금 아이디어는 한 사람의 응답자에 의해서 제안된 유일한 아이디어로서, 허공을 채울 만큼 뛰어난 아이디어일 뿐 아니라, 분석자와 문제 해결을 의뢰한 고객으로부터 "아하" 하고 탄성을 지르게 하는 독특한 아이디어를 의미한다.

황금 아이디어는 특정 설문에 대하여 응답한 아이디어가 많으면 많을수록 분명히 더 높은 가치를 지닌 아이디어를 기대하게 된다는 일반적인 가정의 예외적인 경우라 할 수 있다.

참고로 이 가정이 함유한 의미는 응답한 아이디어들을 계량적 또는 통계적으로 처리할 경우, 응답 수가 많을수록 의사결정 사안에 대한 아이디어의 중요성이 확률적으로 높다는 것이다. 즉, 자료를 계량적 방법에 따른 분석 결과로 평가할 때 더 일반적으로 적용되는 가정이라 할 수 있다.

하지만 한 사람으로부터 나오는 황금 아이디어가 집단사고에 의해 도출된 아이디어에 비해서 더 높은 가치를 지니는 경우가 흔하다. 여기서 말하는 집단사고는 많은 사람이 응답자로 참여하더라도 그 조직의 절대적 지배자의 의견에 복종하기 위해 개인들의 아이디어를 고의로 똑같게 제안하는 특수한 경우를 뜻하기 때문이다.

제4장에서 다루고 있는 내용이지만, 문제 해결의 목표가 무엇인지를 설명하는 설문지 설계의 중요한 역할은 정보의 일반성과 특수성을 배제하는 것이다. 이것은 또한 응답자가 의견을 제시할 때 어떤 편견을 가지지 않도록 함으로써 추후 주제에 대한 객관적인 통찰력을 발휘할 수 있게 하려는 것이 목적이다.

또 한 가지 지적할 것은, 예를 들어 태도 조사 방법을 설계할 때 조사자가 응답자에게 제시한 대상에 관하여 '좋아요'부터 '싫어요'까지의 범위를 주고 답을 수량화하도록 설계할 경우, 한 사람의 응답자를 대상으로 정성적인 방법으로 얻어내는 '하나의 황금 아이디어' 같은 결과는 창출하기 어렵다는 것이다.

10. 성과와 생산성

생산성 분석은 업무를 개선하는 수단이 된다. 여러분은 문제점들을 적극적으로 확실하게 찾아내고, 구체적인 개선 방법을 찾아내야 한다.

이 경우 부족함, 불완전한 결함, 오류의 원인, 그리고 무엇이 더 필요한지를 찾고자 한다. 아이디어 무한창출법이 지니고 있는 매우 중요한 특성은 어떤 상황에 대한 설명이나 호불호의 태도가 아니라, 문제를 개선할 수 있는 직접적인 방법을 위한 아이디어를 찾아내는 것이 궁극적인 목적이라는 점이다.

여러분이 지금까지 사용해보았거나 알고 있는 조사 방법 대부분이 문제에 대한 조사자들의 의견이 '좋으냐? 그렇지 않느냐?'의 태도에 주로 관심을 보이는 경향이 있다. 의사결정자들이 수집한 아이디어를 '좋아하느냐? 좋아하지 않느냐?'를 구별하는 조사자들의 방식으로는 전략적, 전술적 정책이나, 인사, 품질 또는 업무 처리 과정에 대한 의사결정을 할 수 없는 것이다.

따라서 장기적으로 볼 때 반드시 조직의 성과 개선 결과에 의해서만 입증될 수 있는 명확하고 구체적인 효과적 아이디어를 반드시 찾아내는 것이 필요하다.

11. 조직에 대한 진단

자기 조직의 이득을 위해서 창의적 사고가 필요한 이유는 이것이 조직의 발전과 궁극적인 생존을 위해 매우 중요한 변수이며 수단이기 때문이다. 어떤 경우를 막론하고 그 자체의 상태가 평가되지 않고 버려져 있는 조직은 동력을 잃고 결국 쇠퇴할 것이다. 이 현상을 물리학에서는 엔트로피 현상이라고 한다. 엔트로피 현상은 사회, 정치 그리고 경영 환경에서도 나타난다.

문제의 원인을 알지 못하면 이를 고칠 수가 없다. 따라서 조직에 대한 진단은 가치 증가에 기여하지 못하는 부분을 찾아서 제거하기 위해 주기적으로 이루어져야 한다. 최근의 추세는 조직 진단의 수행 주기를 계속 단축시키고 있다. 잘못되고 있는 이유가 무엇인지를 사전에 파악하는 것이 절대적으로 필요하기 때문이다. 따라서 문제점을 파악하는 것이 가장 중요하며, 이를 해결하는 방법, 즉 최선의 아이디어를 찾는 것이 그에 못지않게 중요하다. 실제로 최선의 해결 방법을 결정하는 것이 더 어렵다.

이렇게 문제를 정의하고 그 해결책을 찾는 우리의 욕구를 충족시키는 데 있어서 아이디어 무한창출법은 개인적인 차원의 문제 해결뿐만 아니라, 직접 경영하고 있거나 근무하고 있는 조직이 도움을 필요로 할 때, 훌륭한 의사결정과 문제 해결의 도구로서 큰 역할을 할 것이다.

아이디어 무한창출법의 효과와 역할

아이디어 무한창출법의 효과를 정리하면 다음과 같다.

01 　과학적 기준을 충족하는 조사 도구로 활용한다.

02 　빠르며 상대적으로 저렴한 비용으로 해결한다.

03 　높은 품질과 양적으로 많은 자료를 제공한다.

04 　아이디어 무한창출법을 적용하지 않고는 밝혀지지 않을 혁신적 아이디어의 추출이 가능하다.

05 　실제로 활용할 아이디어는 개별적인 응답 자료에서부터 직접 창출하거나, 수집된 자료의 분석 과정에서 발견한 유사한 아이디어들을 통합하여 생성한다.

06 　최고 전략부터 단순 조립라인의 개선에 이르기까지 어떤 수준의 세부 사항이든 관계없이 모든 문제 해결에 적용이 가능하다.

07 　아이디어 제안자가 익명으로 의견을 제출하게 함으로써 타인의 간섭이나 비판을 두려워하지 않고 솔직하게 제안할 수 있게 한다.

08 　의사결정자와 직원 간의 거리를 좁혀준다.

09 　응답 자료의 조직화와 아이디어의 선별 작업을 통해 유사한 아이디어를 걸러내거나 통합하여 그 수를 축소하는 절차가 있다.

10 　응답자들에게 집단적 업무의 참여 의식을 촉진한다.

11 　문화적인 편견이나 제한을 배제할 수 있다.

12 　전 세계적 의사결정 참가자 집단의 온라인 사용이 가능하다.

13 　아이디어 수집에 참여하는 응답자들에게 사전 경험이나 훈련을 필요로 하지 않는다.

14 　업무 성과를 확실하게 증진시킨다.

아이디어 무한창출법을 적용하는 경우, 이 기법을 실제로 운영하는 책임자, 즉 참가자에게 핵심 문제에 대한 질문을 제시해야 한다. 그리고 그들이 제출하는 아이디어를 수집하여 자료집을 만드는 조사 업무 진행자와 조사 자료를 분석해야 한다.

최종 아이디어를 결과적으로 유추하는 분석가는 아이디어 창출 워크숍을 사전에 효과적으로 설계하고 진행한다. 획득한 자료 분석으로부터 의사결정자들을 위한 질 높은 조사 결과를 산출하기 위해서는 상당한 사전 훈련이 필요하다.

의사결정 조사에 이 방법을 사용하기로 결정하는 사람들은 관련 서적과 자료를 참고할 수 있으며, 사전에 다양한 상황에서 이 방법을 적용하는 경험을 쌓아둘 필요가 있을 것이다.

아이디어 무한창출법을 배우는 사람들이 주의할 사항이 있다. 경영 컨설턴트로서 책임 있는 중요한 임무를 수행할 때는 처음부터 무리하게 이 기법을 사용하지 말라고 제안하고 싶다.

충분한 사전 지식과 사용 경험이 부족할 경우에 2가지 바람직하지 않은 일이 발생할 가능성이 있다. 하나는 분석가로서의 신뢰성을 잃을 수 있고, 또 하나는 적절치 못한 적용으로 인해서 이 기법의 신뢰성을 잃을 수 있기 때문이다.

이 책의 나머지 7개의 장에서 여러분이 필요한 기초 지식을 제공하고 있다.

아이디어 무한창출법의 한계

이 방법이 효과를 내는 데 한계는 어디에 있을까? 나는 우연히 크로포드 박사의 논문 두 편을 접했고, 이 논문들에서 사업과 경영의 관련성을 쉽게 확인할 수 있었다.

당시 85세였던 크로포드 박사와 일하기 시작한 1981년에 이론적으로 또는 실무적으로 크로포드 슬립 기법의 어떤 점이 잘못되었는지 그 취약점을 찾기 시작했다. 이해하기 어려운 점은, 크로포드가 직접 개발하여, 1926년 이래 가르치고 상담해왔으며 그의 방법을 이용해 글을 써왔는데도 불구하고, 전문적인 학술지에 참고 자료로 인용되지 않았다는 것이다.

크로포드 박사는 훈련기관, 기업, 학교, 교회, 군대, 경찰 조직, 통신 센터 등 많은 분야에서 반복을 거듭하며 그의 기법을 적용하여 개선 효과를 내왔다. 그럼에도 이 분명한 딜레마에 대한 해답은 대단히 넓은 적용 범위에 걸쳐서 그의 방법이 어떻게 확실한 개선 효과를 창출하는지, 그 기법의 핵심이 되는 원리와 강점을 긴 시간 동안 학술적으로 출간하지 않은 것이 그가 쌓아온 업적으로 볼 때 유일한 아쉬움으로 남아 있다는 것이다.

6개월 동안 크로포드 슬립 기법의 약점을 조사한 후에, 이론적으로나 실무적으로 그의 기법과 관련하여 잘못된 것이 없다고 결론지었다. 나는 크로포드 슬립 기법을 가르치고, 상담하며, 또한 그 기법에 관한 저술을 발표했다. 마침내 크로포드 슬립 기법을 재정비하여 2003년 '아이디어 무한창출법Ideas Unlimited'이라는 이름으로 발표한 후 전 세계적으로 소개하고 그 적용을 확장해왔다.

독자들이 인식해야 할 아이디어 무한창출법의 한 가지 특성은 익명으로 자신의 아이디어를 경영진에게 알릴 기회를 원하는 조직 구성원을 대상으로 수집한 아이디어를 모아서 큰 데이터베이스를 구성하는 것이다. 그런데 조사 대상 조직의 경영진이 변화를 원치 않는 경우 직원들을 대상으로 익명의 아이디어를 수집하는 데 그친다는 한계를 가지고 있다.

다시 말하면, 만약 변화에 마음을 열지 않는 조직의 리더십을 이 기법에 따라 분석했다면 변화를 희망하고 기대하는 직원들을 대상으로 한 조사 결과는 그런 경영진에게 받아들여지지 않을 것이기 때문이다.

이 같은 경우에는 아이디어 무한창출법을 차라리 사용하지 않는 것이 좋다. 그러나 점점 더 변화하는 오늘날의 세계 환경에 있어서 어떤 변화도 원치 않는 경영진은 점차 줄어들 것이다. 변화를 무시하는 이러한 리더십이 정말 존재한다면, 그 기업의 생존과 발전이 매우 의심스럽다.

이 방법에서 볼 수 있는 가장 큰 제약은 이용자가 충분히 이해해야 할 2가지의 중요한 성공 요소와 관련되어 있다. 첫째, 해결할 주제에 관한 질문서 설계와, 둘째, 자료의 분류 및 축소에 관한 사안이다.

이러한 2가지 요소는 제4장과 제7장에서 다루고 있는데, 아이디어 무한창출법에 내재된 특유한 요소들이다. 이들이 잘 이루어지면, 이 책에서 기술하는 결과를 얻게 될 것이다. 세 번째 새천년이 진행되고 있는 현재와 미래에도 아이디어 무한창출법의 활용에 관한 이야기는 계속될 것으로 보인다.

3
—
어디에
적용했는가

세계적으로 뛰어난 과학자이자 사상가로 알려진 조너스 소크Jonas Salk 박사는 왜 아이디어가 창출되어야 하는지 그 근본적인 이유에 관하여《가장 현명한 사람의 생존Survival of the Wisest》이라는 책을 쓴 바 있다.[6]

제3장에서는 어떤 조직에서 파괴적인 계획, 정책, 행동을 사전에 예방하고 이들을 개선하는 데 기여할 수 있는 아이디어 무한창출법의 활용 방법에 대해서 개괄적으로 살펴보고자 한다.

아이디어 무한창출법은 하나의 완전한 정성적인 분석 시스템이다. 처음 크로포드 슬립 기법으로 출발하여 그 후 아이디어 무한창출법으로 재탄생한 이 기법은 다음과 같은 다양한 분야에서 문제 해결과 의사결정 도구로서 실용적으로 활용되고 있다.

그 적용 분야는 포괄적이면서, 다양한 분야와 학제 간에, 그리고 다양한 문화를 가진 조직과 직종에 걸쳐 확대되어왔다. 예를 들면 각종 수준의 교육기관, 정부, 산업, 제조업, 훈련기관, 광고, 항공, NASA, 우주, 국방, 의약, 치과, 경영, 재무, 인간관계, 법률, 정치, 건강, 종교, 정보 시스템, 교회, 그리고 비영리 조직 등 모든 조직에서 이루어져왔다.

사람들에게 가장 감명을 주는 특징은 적용의 다양성과 융통성에 있다. 이 기법이 적용된 문제들의 다양한 영역은 다음과 같다.

전쟁 중이나 평화 시에 구별 없이 사용해왔으며, 각종 산업의 기업을 위한 경영전략에도 적용했다. 학교와 교회에서의 강의와 설교 그리고 연구기관, 의료기관, 각종 협회나 공공기관의 계획 수립을 위해서도 활용했고 광고 전략, 군사 전략과 성과 분석, 컴퓨터 사용, 운송과 저장 등 물류 업무에도 쓰였다. 이 외에도 낭비와 기만에 대한 관리, 퇴역 군인들의 지원 물자 문제, 각종 사업 안내서 작성, 긴급한 우발 사태 대비 계획, 품질경영의 설계와 실행, 그리고 서비스 조직들을 위한 물자 관리와 개선책 등을 위해서 사용된 사례가 있다.

로스앤젤레스에 있는 크로포드 박사의 싱크 탱크 북쪽 벽에는 그가 70여 년에 걸쳐 수행한 컨설팅 프로젝트에서 응답자들이 펜으로 쓴 아이디어들이 적혀 있는 작은 종이쪽지들을 보관하는 상자들이 천장까지 꽉 채워져 있었다. 우리는 크로포드 박사가 수집한 대표적인 자료들과 기타 수집품들을 미국 캘리포니아 마운틴센터 지역에 있는 우리의 자료와 합쳐서 함께 보관하고 있다.

이 기법이 적용된 분야는 강의, 회의 그리고 모임 등에서 아이디어를 찾아내어 개인들의 생산성을 향상하는 경우로부터, 학술지《정책연구 논집Review of Policy Research》에 게재된 논문 〈무엇을 위한 과학과 기술인가?〉(2005)를 출간하기 위해 세계적으로 50명의 전문가를 대상으로 데이터베이스를 만든 학문적 조사에 이르기까지 그 활용 범위는 매우 다양하다.

여러 책과, 책의 여러 장이 이 기법에 대해 서술했고 또한 이 기법을 활용했다('참고문헌' 참조). 예컨대 수십 년간에 걸쳐 석박사 수준의 전문 논술과 학위 논문에 이 기법이 사용되어왔으며 그러한 논문들은 전문 잡지에 게재되었다.

그리고 셀 수 없이 많은 컨설팅 보고서들이 크로포드 박사의 도서관과 크론도서관에 보관되어 있다. 수많은 자료가 전자 도서 목록화 이전에 출판되었기 때문에, 아직까지 완전한 목록이 확보되지 않은 상태이다.

1995~2007년에 사우스오스트레일리아대학교 국제경영대학원에서 내가 지도한 세계 각국의 박사과정 학생들과 1993~2006년에 미국 캘리포니아 리버사이드에 있는 라시에라대학교의 석사과정 학생들이 아이디어 무한창출법을 적용한 연구 자료들은 나

에게 이메일(BobKrone@aol.com)로 요청하면 받아볼 수 있다.

아이디어 무한창출법 적용: 산출물   현재까지 34권의 책과 책의 장들이 이 기법에 관하여 쓰였거나 이 기법을 적용하여 쓴 내용들을 담고 있다. 전문 학술 잡지에 최소한 60개의 논문이 있으며 무수히 많은 경영 진단과 훈련 보고서, 그리고 정확히 알려지지 않았으나 비슷한 정도의 수많은 세미나와 워크숍 보고서들이 남아 있다.

아이디어 무한창출법 적용: 주제   만약 우리가 얼마간의 시간을 들여 이 기법의 이름으로 주석 목록이나 웹사이트를 살펴본다면, 다음과 같은 의문이 들 것이다. '아이디어 무한창출법이 적용되지 않은 곳이 도대체 이 세상에 어디 있을까?' 실제로 이 방법이 적용되지 않은 곳은 적용된 곳보다 훨씬 많다. 하지만 이 기법은 인간 활동의 모든 영역에 걸쳐서 적용할 가능성이 높다. 우리가 이 기법을 조직의 전략과 정책에 더 중점을 두고 적용하면 할수록, 그리고 적용하는 대상의 조직이 크면 클수록, 이 기법에 의해 창출한 아이디어는 더 큰 효과를 발휘할 것이다.

아이디어 무한창출법을 이용하면, 모든 사람들의 사고력을 창출해낼 수 있다고 확신한다. 아이디어 무한창출법은 세계적으로 그 적용이 증가 일로에 있다.

4

어떻게
적용하는가

미래의 제국은 지성의 제국이다.

윈스턴 처칠, 〈더 퓨처리스트The Futurist〉지(2004)

적용을 위한 사전 계획

비록 아이디어 무한창출법을 오래 사용한 경험이 있더라도 이 기법을 적용할 때마다 상황에 따라 신중하게 사전 계획을 세워야 한다. 그러나 이 원칙에는 예외가 있을 수 있다.

예를 들면 문제 해결을 위촉하는 측과 실제 상황에 대하여 서로 토의하는 중에 자연스럽게 문제 해결의 핵심 대안에 이르는 경우에는 구태여 기법의 적용을 위한 사전 계획을 철저히 할 필요가 없을 것이다.

이 기법을 적용하기 위한 사전 계획에 포함할 사항들은 다음과 같다.

〈정리 4.1〉 적용을 위한 사전 계획에 필요한 사항

> - 고객과의 토론
>
> - 하나 혹은 그 이상의 핵심 응답자 집단의 구성
>
> - 주어진 과업 달성을 위한 가장 좋은 아이디어 무한창출법 도구들의 선정
>
> - 응답을 끌어내기 위한 설문 설계
>
> - 응답하는 방법을 위해서 수작업, 온라인 또는 혼합 형태 중 하나를 선택
>
> - 자료 수집과 저장 방법에 관한 결정
>
> - 의뢰 고객에게 보낼 조사 결과와 건의를 위한 보고 방법과 양식의 선택

1. 고객과의 토론

아이디어 무한창출법의 적용은 문제를 해결하고자 하는 의뢰인, 즉 고객에 있기 마련이며 이들은 회사, 정부기관, 조직 단체, 학교 또는 각종 재단 등 여러 분야에 걸쳐 다양하다.

아이디어 무한창출법을 전문적으로 진행하고 수집된 자료를 분석하는 사람들은 문제 해결을 의뢰하는 조직의 최고책임자와 이 기법의 효능을 극대화하여 원하는 목적을 효율적으로 달성하기 위해 긴밀히 협력할 필요가 있다.

그 예로 1993년도에 '전략적 항공 기술 연구단SATWG'을 지원하는 NASA의 지도부는 나에게 166명의 미국 항공 우주 산업

및 전략 전문가들로부터 5개의 주요 핵심 주제별 전략적 아이디어 수집을 의뢰했다.

5개의 핵심적인 영역은 ①미국 국제항공 우주산업의 정책, ②기술의 상업화, ③제조, 운용과 교육, ④연구 조사와 기술 개발, ⑤우주산업 시스템을 위한 EEE 부품들 등이다.

그리고 의견을 제안할 응답자 집단 참가자 166명은 다음과 같은 기관에서 근무하는 항공 전문가들로부터 선발되었다. NASA 본부, NASA 현장센터, 항공 우주 산업 주요 하청업자, 주요 전자공학 시스템 공급업체, NASA 프로그램을 지원하는 중소기업체, 전문가 집단 및 엄선된 대학들로부터 선정된 전문가들이다.

나는 1993년 7월 19일부터 22일까지 나흘 동안의 휴스턴 워크숍 의사일정을 짜기 위해 SATWG 책임자인 케네스 콕스 박사와 진지한 토의를 했다. 그 결과 위에서 언급한 5개의 핵심 주제에 할당된 총 2시간 9분의 워크숍 일정을 포함해서 모든 세부적인 진행 절차를 마련했다.

아이디어 무한창출법을 적용하여 워크숍의 목적을 효율적이고 효과적으로 달성하기 위해 다음 항목들을 표적으로 하는 설문을 설계했다.

<정리 4.2> **워크숍 목적 달성을 위한 항목**

> **01** 항공 우주 산업의 현 상태를 야기한 근본 원인
>
> **02** 현존하는 문제점, 장애물과 위험 요소
>
> **03** 5개의 핵심 분야별 개선을 위한 제안들

모두 5개의 워크숍이 있었는데 각 워크숍에 평균적으로 50여 명이 응답자로 참여했다.

가장 효과적으로 아이디어를 포착하기 위해서, 우리는 호텔 로비에 컴퓨터 모니터를 준비하고, 이에 연결된 컴퓨터에 모든 설문을 입력해놓아, 회의에 참석하는 사람 누구나 모임에서 다음 모임으로 이동하면서 답변을 입력해 넣을 수 있었다. 작은 종이에 개별적으로, 동시에, 익명으로 직접 쓰거나 컴퓨터에 입력함으로써, 총 3,500개의 아이디어 응답을 얻었다.

이 응답 자료의 분류와 분석을 거쳐 264쪽의 최종 보고서가 만들어졌다.[7] 이 보고서가 나온 후 항공 우주 산업 전문가들이 조사 결과에 대한 긍정적인 피드백을 수년간 전달했다.

NASA의 경우는 비교적 복잡한 상황에서의 아이디어 무한창출법 적용 사례 중 대표적인 경우라 할 수 있다. 여기서 강조하고 싶은 것은, 적용 상황이 어떻든 간에 15분 정도의 짧은 워크

숍부터 4일간에 걸친 전문적인 회합까지 포함한 모든 경우를 망라하여 의뢰인과의 사전 토론에서, 누가, 왜, 언제, 어떻게 등 기본적인 질문에 대한 아이디어를 성공적으로 창출해주는 것이 핵심적인 요소라는 것이다.

2. 아이디어 핵심 집단

핵심 집단 Focus group이란 아이디어 무한창출법의 설문에 따라 의견(아이디어)을 제안하게 될 응답자들로 이루어진 집단을 말한다.

핵심 집단 구성원이 되기 위해서 갖추어야 할 필수적인 요건이 하나 있다. 조사 중인 주제에 관한 전문 지식과 이 주제와 관련하여 반드시 상당한 경험이 있어야 한다는 점이다. 이 기준이 충족된다면, 성별, 인종, 국적, 종교, 또는 정치적 이데올로기 등은 영향을 미치지 않는다.

경험으로 보아, 10세 이상이면 효과적으로 자신의 아이디어를 기여할 수 있다. 설문에 대한 응답은 서면이나 컴퓨터에 입력하는 방법으로 이루어지므로, 말하는 것이 불편한 사람이라고 해서 배제될 필요는 없다. 말로 표현되는 아이디어가 정확하게 기록될 수 있는 상황에서 앞을 보지 못하는 사람도 핵심 집단에 참여한 적이 있다. 그들은 아이디어를 녹음하여 제시할 수 있다.

아이디어 집단의 참가자들을 선발할 때 조사 대상의 주제에 적합한 사람인지를 고려하여 질적 방법으로 선정하는 것이 기본적 방식이다. 따라서 이 기법은 핵심 집단 참가자를 무작위로 선발하는 계량적(통계적) 조사 방법들과 근본적으로 다르다.

이러한 통계적 방법들과 비교할 때, 이 기법이 갖고 있는 또 다른 한 가지 특징은 핵심 집단 구성원들이 진행 중인 아이디어 수집 과정에서 다른 사람으로 바뀔 수 있다는 점이다.

이러한 핵심 집단 참가자들의 변동이 조사 결과에 영향을 미치지 않고, 오히려 참여하는 사람들의 다양성을 확대함으로써 그들의 다양한 아이디어를 목적 달성에 더 효과적으로 기여할 수 있게 한다는 것이 이 기법의 특징이다. 이러한 적용상의 유연성이야말로 아이디어 무한창출법 특유의 또 하나의 장점이라고 생각한다.

3. 설문 설계

설문이란 핵심적인 응답자 집단에 속한 사람들로부터 아이디어를 촉발하기 위해서 고안된 질문 또는 설명서를 의미한다.

설문의 설계 Target Design는 아이디어 무한창출법을 성공적으로 적용하기 위해서 가장 중요한 필수 요소다. 설문을 올바로 설계하는 것은 아이디어 창출을 시도하는 사람들에게 가장 중요한 첫 번째 기술이다. 다른 하나는 수집된 아이디어 자료를 분류하고 조직화하며, 유사한 자료를 통합하고 불필요한 자료를 걸러내어 아이디어 수를 축소하는 기술이다(제7장 참조).

아이디어 무한창출법 데이터베이스의 두드러진 특징은 수집된 자료들이 '업무 성과 위주'로 구성되는 데 있다. 이 자료들은 업무 성과를 높이는 데 무엇이 잘못되었는지, 불완전한지, 부족한지, 더 필요한 것은 없는지를 확인해주기 때문이다. 그뿐만 아니라, 이러한 문제들을 위한 수많은 아이디어의 제안과 이들을 해결하는 구체적인 개선책들이 포함되어 있다.

올바로 설계된 설문은 당면한 문제들이 무엇인지 그리고 그에 대한 해결책이 무엇인지를 제시하는 아이디어들로 구성된 데이터베이스를 생성하는 데 기여하게 된다. 다음은 설문 설계를 위한 하나의 모형을 예시하고 있다.

〈예 4.1〉 아이디어 무한창출법 설문 모형

명사 또는 명사구: How to _____?

- _____ (설명 또는 질문의 폭을 넓혀서 전개)

- _____

- _____

명사 또는 명사구는 조사 대상으로 하는 주제를 정확히 집어서 표현해준다. 'How to?'는 '어떻게 개선하는가'에 초점을 맞춘 응답을 유도하기 위한 것이다. 따라서 설명이나 질문은 가능한 한 그 내용을 폭넓게 작성하는 것이 좋다. 설명이나 질문에 관련성이 있는 경험과 기억 속으로 응답자들을 유도하기 위해서다.

자신의 기억을 되살려 문제 해결을 위해 독립적이고 개별적인 아이디어를 포착하여 익명으로 제안할 수 있도록 해야 한다. 이때, 설명과 질문을 세심하고 폭넓게 제시하는 것이 필요하다.

〈예 4.2〉 **문제의 해결책을 찾기 위한 설문**

원가 절감: 어떻게 회사의 낭비, 누출, 손실을 막을 수 있는가?

- 구체적인 낭비 사건을 기억해보라.

- 적게 들여 많이 얻을 수 있는 방법을 경영진에게 말하라.

- 당신의 모든 응답에 대하여 비밀이 보장된다.

- 당신이 회사 경영에 절대적인 통제 권한을 갖고 있다면 원가를 절약하기 위해 무엇을 바꾸겠는가?

'How to?'가 사용되지 않는 경우에는 다른 설문들이 이용될 수 있다. 어느 조직을 막론하고 경영자들은 항상 2가지 상황에 도전해야 한다. 첫째는 조직이 당면하고 있는 문제점이 무엇인지 정확하게 파악해야 하며, 둘째는 이 문제를 해결할 대책을 찾아내야 하는 것이다.

이 둘 중 문제의 해결책을 물을 때는 언제나 'How to?' 문구를 포함하여야 한다. 하지만 문제점을 찾아내기 위한 설명이나 설문들을 설계할 때는 이와 다른 문구를 사용한다.

〈예 4.3〉 **문제점을 찾기 위한 설문 설계**

사기 저하: 우리 부서에 현재 어떤 문제점이 있는가?

- 우리 부서의 구성원들은 불만이 있다.

- 사기가 저하되는 원인이 무엇이라고 생각하는가?

- 귀하의 사기에 부정적으로 영향을 끼친 회사의 정책, 절차, 행위, 사건을 기억해보라.

- 모든 사안들을 응답서에 적는다.

- 귀하의 의견은 익명이 보장된다.

〈예 4.3〉이 건의안을 요구하지 않고 있다는 것에 주목하라. '문제를 진단하는 워크숍' 원칙(제5장 참조)은 환자가 의사를 만나는 경우와 유사하다. 의사는 먼저 환자의 문제가 어디에 있는지, 어디에 통증이 있는지 알기를 원한다. 그리고 나서 구체적으로 진단(분석)이 이루어지고 병을 고치기 위하여 처방(해결 방안)이 내려진다.

만일 시간이 허락한다면, 문제점을 포착하는 데 초점을 둔 설문으로 핵심 집단을 조사했을 때 문제가 무엇인지 알게 되며, 이어서 〈예 4.2〉처럼 해결책을 찾는 내용의 설문을 적용할 수 있을 것이다.

문제점을 찾기 위한 설문에 응답한 자료를 수집하여 만든 데이터베이스와 해결책을 위한 아이디어의 응답 자료를 수집하여 만든 데이터베이스 간에는 중요한 차이점이 있다. 예컨대 문제점 파악만을 위한 질문을 한다면 개선이나 해결책을 위한 아이디어는 얻지 못할 것이다(〈예 4.3〉 참조).

하지만 반대로 해결책을 요구하는 설문에서 일반적으로 문제의 본질을 설명하게 될 것이기 때문에 (아마도 문제점에 초점을 맞춘 설문으로부터 얻게 되는 만큼 구체적이지는 않겠지만) 문제의 원인이 무엇인지는 분명하게 알게 될 것이다(〈예 4.2〉 참조).

예를 들어 응답자가 "상사를 해고하라"라고 응답했다면 이 회사의 리더십에 문제가 있다는 것을 알 수 있다. 그러나 문제의 원인을 확인하기 위해서 작성한 설문을 통해 '우리의 리더십은 약하다'라는 응답을 얻는다면, 조사 자료의 데이터베이스에는 회사의 약한 리더십을 어떻게 강화해야 되는지 그 구체적인 해결책은 확보하지 못한다.

결론적으로 문제점의 발견과 해결책 처방은 근본적으로 구별된다. 그래서 시간적으로 제약이 심한 경우에는 〈예 4.2〉처럼 해결책 모색을 위한 설문 설계를 우선적으로 이용하게 된다. 우리가 궁극적으로 필요로 하는 것은 성과 개선을 위한 아이디어를 창출하는 것이며 이 아이디어들로 구성된 데이터베이스를 확보하는 것이 중요하기 때문이다.

설문 모델 중 어느 것도 응답하는 사람에게 편견을 갖지 않도록 설계하는 데 주목하여야 한다. 이것이 대부분의 전통적인 조사 질문서들이 지닌 일반적인 약점이다.

〈예 4.3〉에서 알 수 있듯이 '정책, 절차, 행위, 사건' 등 일반적인 범주에 속하는 업무 내용을 언급하는 것은 응답자에게 편견을 갖게 하는 이유가 되지 않는다. 하지만 만일 설문이나 지시 사항에서 구체적인 질문에 대한 응답을 예시하는 경우는 응답자들의 생각에 영향을 미쳐 편견을 갖고 대답하는 결과를 초래할 것이다.

핵심 응답자 집단에 설문을 배포하기 전에, 몇 명의 시험 요원들과 설계자 자신이 직접 연습 질문을 통해 실험해봄으로써, 편집 과정을 통해 설계된 설문들의 타당성과 정밀도를 높이는 것이 필요하다. 이러한 실험 과정을 거쳐서 편견이 없는 객관적인 최적의 결과를 낼 수 있는 설문을 편집하게 된다.

이렇게 주의를 기울여 완성된 설문을 적용함으로써 얻게 되는 응답들은 조사 자료의 질을 높이고 양을 증가시키는 가장 중요한 요인이 된다.

4. 대면 혹은 온라인 설문 조사

인터넷은 개인, 단체, 조직, 산업 및 정부 간에 있어서 의사 전달 체재를 혁명적으로 변화시켰다. 아이디어의 실시간 전송이 현실화되고 있다.

이러한 추세에 따라 크로포드 슬립 방법을 온라인화하기 위한 연구를 수행할 수 있도록 남가주대학교가 1985년, 6개월간의 연구 기간을 주었다.

당시 개인용 컴퓨터는 개발 초기 단계에 있었고, 미 국방성에 의해서 개발된 전자 통신 설비들이 점차 민간이나 상업용으로 도입되는 중이었다. 개인용 컴퓨터는 머지않은 장래에 이용자들 간 의사를 전달할 수 있도록 마이크로소프트사의 획기적인 소프트웨어 개발이 진행 중이었다.

1925년 창안된 크로포드 슬립 기법은 당시 응답 자료를 대면식으로 수집하는 수작업 방식을 사용하고 있었다. 이 수작업 방식을 컴퓨터를 이용한 실시간 온라인 자동화 방식으로 전환할 수 있는 가능성과 그 방법을 확인하는 것이 연구년 기간에 얻은 결론이었다. 컴퓨터와 인터넷이 전 세계적으로 아이디어 포착을 가능하게 함에 따라 아이디어 무한창출법이라는 새로운 이름으로 다시 태어났고, 그 이름이 미국 상표권으로 등록되었다.

이 방법의 목적과 기본 원칙들은 변하지 않았다. 하지만 온라인 정보 전달 시스템으로 인해서, 그 적용 범위는 이사회 회의실, 정부기관 사무실, 또는 학교 교실로부터 사이버 공간이 연결되는 모든 사람에게로 확장되었다. 동시에 아이디어 무한창출법을 위한 자료 저장도, 작은 종이쪽지로 가득 찬 박스로부터 컴퓨터 메모리에 있는 데이터베이스로 이전되기 시작했다.

하지만 대면 방식으로 아이디어를 쪽지에 적어 응답하는 방법은 지금도 여전히 적용되고 있다. 컴퓨터 또는 전자 음성 입력이 가능하지 않거나 바람직하지 않은 상황이 있을 때는 지금도 수작업에 의한 대면 방식을 사용한다.

1995년부터 2007년까지, 내가 지도한 박사학위 지원자들에 의하여 아이디어 무한창출법을 이용한 대다수의 연구 조사가 온라인으로 이루어졌다. 그리고 현재에도 학교, 병원, 회사, 정부기관, 또는 각종 조직에서 이 기법을 적용할 때 종종 수작업을 사용하고 있으며, 이런 경우 조사의 목적 달성에 매우 유효하다.

조사 의뢰인이 선발한 소규모 조사자 집단을 대상으로 직접 응답자와 대면 회의에서 의견을 수작업으로 수집하는 것이 더 용이할 수가 있다. 또한, 아이디어 무한창출법을 이용하여 응답자들과 한 사람씩 일대일로 집중적인 인터뷰를 통해 의견을 수집하는 경우, 수작업으로 프로젝트를 더 효율적이고 효과적으로 진행할 수 있다. 이에 대해서는 제5장을 참조하기 바란다.

5. 수작업과 온라인 방법의 혼용

수작업과 온라인을 혼합하여 적용하는 방법을 통해 응답의 효율성, 품질을 더 높이고 수량을 더 증가시킬 수 있다.

아이디어 무한창출법의 유효성이 증가하고, 조사 의뢰인(고객)이 결과 보고를 원하는 기간이 짧아짐에 따라서, 온라인과 수작업 중 어느 방법을 택하건 간에 하나의 설문 워크숍은 10분간 이루어지는 경우가 대부분이다.

10분간의 짧은 시간에 이루어지는 워크숍 말미에 종종 아이디어 무한창출법을 적용하는 조사 담당자의 이메일 주소를 응답자 집단에게 알려준다. 이것은 비록 의식적으로 특정 응답자를 대상으로 하지 않는다고 하더라도, 응답자들이 주제에 관하여 새로운 아이디어를 창출해낸다는 효과를 기대하면서 연락할 주소를 주는 것이다.

다음 날 아침 조사 담당자는 밤사이에 이메일로 제출된 아이디어들을 보고 탄성을 지를지 모른다. 이와 같이 온라인과 수작업 방법을 병용하면 아이디어 수집이 잘될 수도 있다. 일련의 설문에 대하여 온라인상에서 핵심 응답 집단의 반응이 이루어진 후에, 직접 대면 방법에 따른 수작업 회합을 활용할 경우 효과적일 수 있다. 이러한 효과를 위해서 종종 고객과 분석가 사이에 조사 방법에 대한 합의가 이루어지기도 한다.

그러나 현재까지는 수작업 또는 온라인으로 얻은 데이터베이스 중 어느 것이 상대적으로 나은지에 어떠한 결론도 밝혀진 것이 없다.

6. 핵심 응답자 집단에 대한 지시 사항

여러분들이 준비한 설문에 대하여 응답자들에게 몇 개의 간단한 지시 사항이 필요하다.

온라인상에서 응답이 이메일로 전달되는 경우, ①핵심 응답 집단에게 답변의 주제를 알려주라, ②익명성[8]을 보장하라, ③답변을 이메일로 보낼 때 설문을 복사하도록 요청하라, ④마음에

조직을 살리는 아이디어 무한창출법

떠오르는 가능한 한 많은 의견을 입력하도록 요청하라.

하나의 이메일에 하나의 핵심 문제에 대한 설문만을 담는 것이 좋다. 자신의 경험과 전문적인 지식에 기초하여 독립적이고 개별적으로 답해줄 것을 요청하라.

가장 좋은 답을 찾기 위해 일부러 기다리지 말고 자유롭게 돌아가는 생각 속에서 마음에 떠오르는 것은 무엇이든 빠짐없이 타이핑하되, 다른 의견은 다음 줄로 넘어가 따로 입력하게 한다. 이 경우, 처음의 생각에서 비롯된 변형이거나 새로운 것일지 모를 다음 아이디어를 입력하도록 응답자들에게 말해주어야 한다.

그리고 그들에게 아이디어는 성격상 일반적일 수도 있고 매우 특징적일 수도 있기 때문에 무작위로 수집하는 것이 가장 좋다는 것을 인식시켜야 한다. 그리고 생각해낸 아이디어들을 응답자가 한데 묶거나 분류하지 않도록 응답자들에게 말해두어야 한다.

또 응답자들이 다른 일로 인해 방해를 받거나, 어떤 일에 집중하기 위해 그 일을 뒤로 미루기를 원한다면, 정리한 내용을 컴퓨터에 임시로 저장해놓아도 좋다는 것을 그들에게 알려주어야 한다.

하지만 제출 기한을 알려주는 것이 필요하다. 주어진 설문에 대하여 새로운 아이디어가 추가로 떠오르는 경우, 회신 이메일을 그 후에 보내도 된다는 것을 말해주어야 한다. 혹시 개인적으로 어떠한 절차상 의문이 있을 경우를 위해서 조사자는 즐거운 마음으로 답변할 것이라고 말해주어야 한다. 응답자들이 조사자들에게 원하는 내용이 무엇인지 그 예를 들어 설명해달라고 요구할 경우에는, 예시한 내용을 절대로 보내지 말아야 한다.

만약에 예를 보낸다면, 이는 응답자들의 사고 영역을 좁힘으로써 개인적인 경험에 입각한 자기 의견을 제외하게 만들 우려가 있다. 이 경우에 그들 자신의 소신 있는 조사 활동을 방해하는 결과를 초래하게 된다.

설문의 주제에 대하여 그들이 품고 있는 개인적 직감, 제안, 또는 해결책을 그것이 무슨 아이디어이든지 간에 자유롭게 조사 담당자에게 보내도록 그들을 종용해야 한다. 조사 담당자는 자신의 자료 분석과 분류 결과의 일부를 추후 응답자들에게 보내줄 것을 제안할 수 있다.

하지만 핵심 문제의 응답자들에게 최초의 수집 자료를 보내는 것은 바람직하지 않다. 참여한 모든 응답자에 대하여 익명성을 보장해야 하며 만일 필요하면 그들과 그 책임에 대하여 타협을 해야 할 경우도 있기 때문이다(제8장 참조).

7. 수작업에 의한 대면 워크숍

선발된 응답자들이 아이디어를 일정 크기(8×13cm)의 종이쪽지에 자필로 적어서 제출하는 점을 제외하고는 위에서 말한 모든 지시 사항이 똑같이 수작업에 의한 워크숍에 적용된다.

하나의 종이쪽지에는 하나의 응답만을 적어야 하며, 한 면에 만 적어넣도록 지시해야 한다. 그리고 중요한 것은 최초의 응답을 제출하기 전에는 설문에 관하여 어떠한 토론도 하지 말도록 요구해야 한다. 대화는 독립적인 사고 과정을 해치고, 집단적 사고를 부추길 우려가 있기 때문이다.

조사 담당자는 응답자로 참여한 모든 사람이 그들 자신의 견해와 전문 지식을 가지고 참여하기를 바라며 시간과 환경 여건에 따라서 그들을 소규모 집단으로 나누어 해당 주제에 대해 논의할 수 있게 워크숍을 계획할 수도 있다.

오랜 시간 동안 여러 다른 종류의 문제들에 대하여 의견을 개진하는 워크숍의 경우에는 특히 이러한 방법이 유용하다. 여러 문제들에 대한 의견을 적어 넣는 사이사이에 휴식을 제공하는 방법의 하나로 대화를 허용하는 것은 새로운 생각을 자극할 수가 있다.

만일 어떤 모임, 세미나, 또는 회의 중에 아이디어 무한창출법 워크숍이 수작업으로 진행될 경우, 그 조직의 최고경영자가 워크숍 주제에 관한 자신의 의견을 미리 밝히기 전에, 조사 목적으로 준비한 설문들에 대한 응답자들의 아이디어를 미리 받아내는 데 각별한 노력이 필요하다. 아이디어 무한창출법 워크숍에서 다루어야 할 내용에 대해서는 제5장을 참조하길 바란다.

수작업 워크숍에서 하나 이상의 주요 문제들을 해결할 설문을 설계한다면, 항상 매우 일반적이고 포괄적인 문제에 대한 설문부터 시작하는 것이 좋다. 그런 후에 그 주제의 세부적인 문제들을 다루는 순서로 진행하도록 하여야 한다.

그리고 응답들은 항상 그 응답을 유도한 핵심 설문지와 함께 회수하여 보관하는 것이 필요하다. 그 이유에 대해서는 제7장을 참조하기 바란다.

각종 양식의 선택

1. 핵심 문제를 위한 설문지

모든 설문지에 대한 기준은 〈예 4.4〉에 따른다. 각 핵심 문제에 대한 설문지는 각각의 특정 연구 주제와 상황의 필요에 따라 적합한 문구를 선택하여 작성해야 한다. 하지만 어느 경우든 다음의 기본적인 모든 구성 요소들이 반드시 포함되어야 한다.

〈예 4.4〉 설문지 작성을 위한 기본적인 요소

01 서론	• 응답자 집단 구성원에게, 그들의 판단, 관심사, 문제점, 아이디어 그리고/또는 해결책을 요구하는 이유
	• 아이디어 무한창출법에 대한 간단한 설명
	• 응답을 제출하는 데 허용되는 시간이 단지 수 분에 불과하다는 사실
	• 그들의 응답에 대한 개인적인 비밀(익명성)을 보장하고 있다는 사실
02 진행 방법	• 수작업 또는 온라인에 의한 응답 제출 방법
03 문제에 대한 설문	• 응답자의 지능을 그들 자신의 기억과 경험에 집중하도록 유도하는 중요한 수단으로서의 질문. 이것은 업무 성과에 초점을 맞춘 응답을 얻을 수 있도록 항상 주의 깊게 설계된다(제4장, "설문 설계" 참조).
	• 하나의 설문지에는 하나의 핵심 문제에 국한하는 질문만 싣는다. 하나 이상의 설문은 혼란을 야기할 것이다.
04 맺는말	• 응답자들에 대한 감사 표시. 상황에 따라서 응답자들이 제출한 모든 아이디어를 분석한 진행자의 보고서를 응답자들에게 보낼 수도 있다.
	• 여기에서 응답자들에게 무엇을 약속할 것인가에 대해서는 주의가 필요하다. 이것은 상황에 따라 결정될 사안들이다.

〈예 4.5〉는 실제 아이디어 무한창출법 설문지의 작성을 위한 요소들을 요약한 것이다. 이것은 2003년 1월 초에 사우스오스트레일리아대학교에서 박사학위 논문을 준비하고 있던 랜덜 도노휴의 논문 〈APEC을 위한 홍보〉를 위한 연구 조사차 설계한 설문지 내용과 조사 과정이다.

〈예 4.5〉 **도노휴 박사의 박사학위 논문 설문지**

01 설문지 개요	• 자료 수집 이유 / • 이 방법에 대한 이론적 기초
	• 이 방법의 특징 / • 자료 수집을 위한 지시 사항
	• 홍보PR 개념 정의 / • 자료 수집 방법
02 자료 수집 이유와 방법	• 국제 홍보에 관한 관련 문헌 조사 / • 내용 분석
	• 아이디어 무한창출법을 이용한 조사 / • 인터뷰
03 방법론의 이론적 근거	• 1925년 발명된 크로포드 슬립 기법
	• 1992년, 크론 박사가 컴퓨터화했으며, 아이디어 무한창출법Ideas Unlimited™으로 상표 등록
	• 학술적 그리고 산업 조사를 위해 전 세계적으로 사용됨(예: NASA, 의학, 광고, 정치, 서비스 조직 등)
04 이 방법의 특성	• 신속하고, 저렴한, 모든 분야에 적용 가능한, 간단한 것으로 보인다(실제로는 자료 분석, 축소, 분류를 위한 복잡한 절차를 가지고 있다).

- 익명성, 정직성(두려움 요소 배제)

- 질적이고 양적으로 필요한 자료를 산출한다.

05 응답의 작성

지시 사항

- 응답을 간결하고 분명하게 적으세요.

- 한 페이지에 하나의 아이디어만을 기록하세요.

- 최선의 아이디어만을 위해 기다리지 마세요.

- 한국어로 답해주세요.

- 다른 응답자와 상호 간 대화는 금합니다.

- 생각의 속도가 늦어지면 재검토하세요.

06 설문

- APEC의 사명을 지원하기 위해서 어떻게 홍보 효과를 높일 것인가?

- 홍보에서 어떤 문제점과 부족한 점이 있는가?

- APEC 사명을 지원하기 위해서 공식적 인지도와 태도를 향상시킬 수 있는 방안은?

- 만일 당신이 APEC 홍보 계획을 설계한다면, 가장 중요한 사항은 무엇이 될 것인가?

07 맺는말

- 나는 여러분의 모든 응답을 지금 수집할 것입니다.

- 여러분들이 시간을 내서 전문 지식을 제공해주신 데 대하여 감사를 드립니다.

- 이 연구의 결과는 사우스오스트레일리아대학교가 올해 말에 발표할 것입니다.

중국에서 개최된 APEC 회의 참가자 중에서 선발한 핵심 응답자 집단을 대상으로 설문지를 작성하고 이를 사용하여 그들의 아이디어를 수집한 모든 과정을 기본적인 요소 차원에서 예시한 것이다. 이 조사 연구 결과는 박사학위 논문으로 제출하여 같은 해 2003년 9월에 승인되었다.

2. 의뢰인에 대한 피드백

문제 해결을 위촉한 고객과의 최초 토론 과정에서 강조할 점은 수탁자의 연구 결과가 어떤 주제의 문제를 위한 내용이 될 것인지를 사전에 확인하는 것이다. 제8장에서 제시하고 있는 바와 같이 대안들의 범위는 매우 넓다.

그 범위는 예컨대 즉각적인 응답 결과의 피드백부터 시작해서 워크숍 동안에 수집된 아이디어들을 통해 얻는 피드백의 경우, 일련의 회의 마지막에 아이디어 무한창출법 설문이 포착한 제안들에 관한 구두 보고가 있다. 제4장에 기술된 바 있는, 4일간의 NASA 회의를 위해 만들어진 264쪽짜리 상세 보고서까지 따지면 그 연구 결과의 피드백 형태는 매우 다양하다.

아이디어 무한창출법의 적용으로부터 고객은 그 내용이 얼마나 복잡하든지 간에 문제 해결, 낭비 축소, 각종 절차의 개선, 또는 생산성을 높여 산출물을 더 많이 얻기 위한 제안들을 확보하게 된다.

여기서 고객이란 뜻은 만일 독자 자신이 자기 문제를 해결하기 위해 아이디어 무한창출법을 적용하고 있을 때, 독자 자신도 포함하는 개념이라는 것을 명확히 할 필요가 있다.

적용을 위한 사전 설계

아이디어 무한창출법을 적용할 경우 시간과 정성을 들여 조사 계획을 철저히 설계하는 것이 매우 중요하다. 조사 계획을 서두르면, 당신과 당신의 업무에 제대로 도움이 되지 않는다.

설계를 위한 상세한 배려가 이루어지지 않았을 때, 당신의 의도는 실패를 면치 못할 것이다. 아이디어 무한창출법은 당신이 이를 적용할 때마다 주어진 목적을 달성하는 최선의 수단이 될 것이다.

> 마음이 스스로 인식하거나, 인지와 사고 또는 이해의 직접적인 대상이 무엇이든지 간에 상관없이, 나는 이들을 아이디어IDEA라고 부른다.
>
> _ 존 로크, 〈인간 이해에 관한 에세이Essay on Human Understanding〉(1689)

5

어떤 도구가
필요한가

현장에서 일하고 있는 사람들의 말에 귀를 기울여라. 그들은 알고 있다. 그래서 우리는 그들의 도움이 필요하다.

에드 허바드 대령·밥 크론, 《시스템 관리자를 위한 글: 리더십 가이드라인Essays for Systems Managers: Leadership Guidelines》(1991)

어떤 문제에 적용 가능한 조언, 믿음, 직감, 전문 지식, 제안, 사양, 또는 권고안을 포착하려는 목적은 아이디어 무한창출법을 어떤 상황에 적용하든지 거의 동일하다고 할 수 있다.

그렇다 하더라도, 서로 다른 상황과 필요에 따라서 적합한 도구를 선택하여 사용할 수 있도록 일련의 도구들이 개발되어왔다. 이러한 도구들에 대한 자세한 내용을 소개한다.

검증된 워크숍 도구들

1. 개인적 생산성

우리는 종종 '아이디어 무한창출법을 위한 핵심 응답자 집단의 최소 단위는 몇 명인가?'라는 질문을 받는다. 그 답변은 '한 명'

조직을 살리는 아이디어 무한창출법

이다. 이 기법의 강점을 여러분의 생활과 결합하여 활용한다면 여러분들의 개인적 생산성은 계속 증가할 것이다.

아이디어 무한창출법 이전에, 나는 백지를 타자기에 끼워놓고 학술 연구 프로젝트를 시작했다. 그 후에 핵심 응답자 집단에 대한 설문을 작성하여 아이디어를 수집해 자료 데이터베이스를 만들 수 있었다. 한편으로는 다른 사람들의 연구 조사 결과를 참고하여 수집한 아이디어를 필자가 만든 데이터베이스에 결합해 연구 프로젝트를 진행했다.

이처럼 독자 여러분은 과학적인 방법을 가지고 아이디어를 포착하고 조직화함으로써 개인적 연구 역량을 끌어올려 연구 결과와 관련된 저작 능력을 훨씬 향상시킬 수 있을 것이다. 그리고 어떤 회의에 참여할 경우 모든 방향으로부터 여러분들에게 유입되는 각종 아이디어를 포착하고 활용하는 능력이 계속 신장될 것이다(〈정리 5.1〉 참조).

2. 진단용 워크숍

기업경영, 과학, 문화예술 등 어떤 분야를 막론하고, 그리고 사람들의 개인적인 경우에도 마찬가지로 매일매일의 생활은 언제나 2가지 기본 사안과 연관되어 있다.

문제점의 발생과 이러한 문제점들에 대한 해결책을 찾는 것이

바로 그것이다. 이러한 기본적인 사안을 1920년대에 크로포드 박사는 잘 알고 있었다. 평생 사용한 기본적인 워크숍을 그는 **진단용 워크숍**이라고 불렀다.

워크숍을 위한 응답자 집단에 대한 첫 번째 설문은 문제점이 무엇인지 추출하기 위해서 설계되었고, 두 번째 설문은 문제 해결책을 찾는 데 초점이 맞추어졌다. 크로포드의 이 2가지 워크숍의 개념은 지금까지도 유효한 도구로 유지되어왔다.

그러나 시간에 쫓기면서 흥미로운 현상이 나타났다. 문제점이 무엇인지를 알기 위한 설문은 문제의 해결책에 대한 응답 자료들을 산출해내지 못했다. 그 반대로 문제 해결을 위한 응답을 요구하는 설문을 만들어 응답자들에게 배부할 경우 문제점이 무엇인지를 귀납적으로 확인해주는 응답들을 창출하는 자료를 결과적으로 얻게 됐다는 것이다.

이러한 이유로 인해서 지난 10년에 걸쳐 아이디어 창출을 위한 조사 프로젝트를 시작할 때 '해결책을 위한 한 가지 설문'만을 작성 배포하여 2가지 질문을 위한 응답을 함께 수집하는 간단한 표준 조사 방법을 채택하게 되었다.

3. 단일 설문 도구

빌 게이츠의 소프트웨어로 세계가 연결된 이후, 사업과 사회생

활에 있어서 시간의 압력이 점증함에 따라, 단일 설문 도구가 온라인이나 수작업 무엇이든 간에 20명에게 단 10분 안에 200개의 아이디어를 포착하는 것이 가장 일반적인 형태가 되었다.

그러나 이것의 제약적 특성으로 단일 설문 도구는 아마도 깊이가 없는 데이터베이스를 도출하고, 이로 인해 필요한 정보의 깊이를 충족하지 못할 것이다.

4. 문제점 간파를 위한 순차적 설문 적용

처음으로 응답자 집단에게 단일 설문 도구를 적용할 때에는, 가장 일반적인 수준의 사고 능력을 활용하도록 설문을 설계하는 것이다.

만일 전체 문제의 세부적인 구성 부문에 대해서 설문을 작성한다면, 큰 그림에 적용될 사고력을 얻지 못할지도 모른다. 하지만 최고경영자 수준의 일반적인 설문으로 시작한다면 데이터베이스에 구멍이 생길 가능성이 높다. 이 경우에는 순차적인 설문으로 그 결함을 메워야 한다.

이때 데이터베이스의 충분성 여부를 연구 조사 진행자와 의뢰인(고객)이 함께 판단하여 해결해야 할 것이다. 문제의 세부 부분에 관하여 필요한 자세한 내부 정보를 포착하기 위해서 순차적인 설문이 설계될 것이다.

첫 번째 일반적인 설문의 사례

"우리 회사: 어떻게 생산성을 증가시킬 수 있을까?"

순차적 후속 설문은 다음과 같을 것이다

"우리 회사: 어떻게 낭비를 줄일 수 있을까? " 또는

"어떻게 사무실 관리를 개선할 수 있을까?"

순차적인 후속 설문을 작성하는 목적은 의사결정자들이 알 수 없는 문제의 해결책을 찾기 위해 그 문제를 일으키고 있는 하위 부분들과 관련된 정보와 증거를 포착하는 방향으로 점차 관심을 이동하려는 데 있다.

5. 인터뷰 도구

아이디어 무한창출법은 다른 연구 조사 도구들의 효율성과 유효성을 증가시킬 수 있다. 일대일의 집중적인 인터뷰는 표준적인 기본 조사 방법이다.

하지만 이 방법의 한계점은 인터뷰어가 인터뷰 내용을 데이터베이스로 만들거나 문서화하기가 어렵다는 점이다. 그뿐만 아니

라 인터뷰이는 자신이 말하는 내용을 녹취하거나 기록하는 것을 민감하게 생각하여 거절하는 경우가 많다.

우리는 아이디어 무한창출법의 단일 설문에 인터뷰를 함께 포함하여 인터뷰어가 아니라 인터뷰이가 자신의 의견을 직접 글로 적어서 제출하도록 함으로써 글로 표현된 자료를 받게 된다.

나는 개인적으로 주요 대학의 '조직 관리 박사학위 프로그램'을 연구한 적이 있다. 혼자서 학교 경영진과 인터뷰를 하는 동안 그들에게 한 '박사과정 프로그램 의사결정 과정을 어떻게 향상시킬 것인가?'라는 설문에 대하여 가능한 많은 의견을 적어내도록 요구했다.

위와 같이 예민한 주제에 관한 응답에 대하여 익명성을 보장해주고 인터뷰어들이 신속하게 유용하고 솔직한 의견들을 자유롭게 글로 작성하게 함으로써, 자료를 수집하여 데이터베이스를 확보한 바 있다. 이러한 의견 수집 과정은 불과 몇 분밖에 걸리지 않는 면담 중에 이루어질 수 있으며, 인터뷰어에 의한 문서화나 분석 팀에 의한 설명이 필요 없다.

이것은 아이디어와 정보를 산출하는 다른 조사 방법들에 아이디어 무한창출법의 강점을 결합해서, 조사 성과를 어떻게 향상하는지 보여주는 좋은 예이다.

6. 모임, 회의, 세미나

모임, 회의, 세미나에 참석하는 누구에게나 목적이 있다. 정보와 아이디어를 공유하는 것은 모두 그런 목적에 해당한다.

첫째로 사업 모임과 관련하여, 나는 1983년도 산타바바라 소재 휴스 항공기 회사에 있는 남가주대학교 이학 석사과정의 조직 관리 강의에서 아이디어 무한창출법을 소개한 바 있다.

수강생들은 모두 기술자들이었는데, 이 방법을 알게 된 후 참석자들이 함께 '그날의 문제'에 관한 자료를 얻기 위해 모임을 시작하기 전마다 5~7분 정도를 활용해서 설문에 따른 의견을 동시에 독자적으로 적어 제출하기로 결정했다.

브레인스토밍 기법에서는 일반적으로 응답자로 참가한 모든 사람으로부터 아이디어를 한 사람씩 구두로, 순차적으로 수집하는 방법을 사용한다. 이와 달리, 아이디어 무한창출법에서는 종이에 쓰거나 온라인으로 제출하되 익명으로 다 같이 한번에 제출하도록 한다. 이렇게 함으로써 더 짧은 시간에 훨씬 많은 아이디어를 포착하면서 모임을 시작한다.

지금까지 이 방법을 사용한 경험에 의하면, 어떤 한 설문에 대하여 응답자 한 사람당 1분에 평균 1개의 아이디어를, 정신적 활력이 감속될 때까지 수집할 수 있다. 이는 응답자들이 어느 한 설문에 대해서 평균 10개의 의견을 제안한다는 것을 의미한다.

이처럼 모임을 정식으로 시작하기 전에 설문에 대한 응답을 수집할 경우, 모임의 의장이 응답자들의 의견에 확실히 영향을 미칠 견해를 밝히기 전에, 익명으로 응답이 이루어진다. 그러므로 이러한 모임을 시작하기 전에 확보하는 모두冒頭 데이터베이스는 매우 좋은 품질의 조사 결과임을 보장할 수 있다.

회의와 세미나는 다수의 발표와 실연 등을 통해 충분한 의제를 포함하도록 설계된다. 발표하는 과정에서, 복도에서, 휴식 시간에, 또는 식사를 하면서 그리고 잠자리에 들기 전 휴식 중에도 아이디어들은 참가자들의 머릿속에서 끊임없이 떠돌게 된다. 이처럼 독자 여러분들은 아이디어 창출을 위해 여러 가지 일상적인 방법과 수단을 시도해보았을 것이다.

예컨대 노트북에 저장할 수도 있고, 녹음이나 녹화를 할 수도 있으며, 또는 일정표 여백이나 봉투 뒷면에 기록해두거나, 기억으로부터 아이디어를 찾아낼 수 있다고 기대하기 마련이다. 그러나 사실상 녹음한 것을 들을 시간이 없다든지 두서없이 기록하는 바람에 정보의 가치를 알 수 없을 때 아마도 좌절감을 느꼈을 것이다. 이는 결국 아이디어를 창출하는 기회의 실종이라 할 수 있다.

아이디어 무한창출법에 의해 응답 자료를 수집하고 분류한다면, 앞으로 필요성이 있는 주요 주제별, 사람별로 체계적으로 정리한 자료와 기록한 노트들을 가방에 담아서 회의장을 떠나게 될 것이다. 우리는 과거의 회의와 세미나로부터 수집한 이러한 자료와 정보들을 오랫동안 보관하고 있다. 오늘도 이러한 자료집들을 필요할 때 검토할 수 있고, 거기서 중요한 아이디어들을 쉽게 추출해낼 수 있다.

아이디어 무한창출법을 활용하여 회의나 세미나를 통해 아이디어를 창출하는 과정을 〈정리 5.1〉에 요약해두었다.

이것은 사람들이 아이디어 무한창출법을 개인적 차원에서 가장 효율적이고 효과적으로 적용하는 방법이라 할 수 있다. 그 중요한 이유는 사람의 마음이 여러 다양한 원천에서 수집할 수 있는 정보를 두뇌에 기억하는 상태와 관련되어 있다는 것이다. 여러 연구 결과에 의하면 기록되지 않은 정보는 대부분 얼마 지나지 않아 기억에서 사라진다.

내가 라시에라대학교에서 아이디어 무한창출법을 강의할 때 있었던 일이다. 스테파니라는 한 신입생이 2006년 11월 1일에 이러한 현상을 경험하고 확인해준 적이 있다. 그 학생은 다음과 같이 말했다. "한 강의에서 기록을 하지 않았더니 그날 밤 집에 도착했을 때 교수가 말한 것을 거의 기억할 수가 없었다."

〈정리 5.1〉 **회의와 세미나 절차: 필요한 것과 이를 포착하는 방법**

- 8×13cm 크기 카드나 종이쪽지를 많이 준비하라.

- 전체 수집한 응답 카드를 담을 수 있는 용기를 준비하라.

- 행사가 진행되는 동안 당신이 결정한 분류에 따라 자료의 명칭을 적어 넣을 색이 있는 빈 카드를 준비하라. 제목은 아이디어의 원천인 사람 또는 주제에 따라 적는다.

- 행사장마다 충분한 양의 빈 카드를 가지고 다녀라.

- 각 빈 카드에는 발표자 또는 토론으로부터 얻은 한 개의 아이디어만을 적어넣어라.

- 한 장의 흰 카드 맨 위에 자료의 파일 이름을 적어서 색 카드 뒤에 놓고 박스 안에 있는 파란색 카드를 분류한다.

- 행사가 진행됨에 따라서 늘어나는 구분을 위한 카드를 알파벳 순서로 묶어라.

- 만일 행사와 행사 사이에 데이터베이스를 검토할 시간 여유가 있으면 새로 획득한 아이디어들을 파일에 추가하라.

- 행사들 사이에 시간이 있어 데이터베이스를 재점검한다면, 떠오르는 새로운 아이디어들을 파일에 첨가할 수 있다.

- 당신이 언제나 원하는 표준 자료는 '사람'이다. 이러한 자료에 있는 당신의 정보에 참석자들의 명함을 추가할 수 있다.

우리는 끊임없이 아이디어의 폭주 속에서 살고 있다. 이 아이디어들을 포착하는 시스템 없이는 어느 아이디어도 옳게 보전할 수 없을 것이다.

7. 순환식 설문

순환식 설문 방식은 또 하나의 아이디어 창출 수단이다. 설문은 사람 대부분이 주목하는 주제에 관한 질문을 포함하고 있다. 이 원리를 이용하여 한 가지 주제에 대한 여러 분야를 나누어서 각각의 설문을 작성하고, 다수의 설문을 바꾸어가며 이용하는 방식이다. 응답자 집단의 두뇌 능력을 극대화하여 더 다양한 아이디어를 더 많이 수집하는 것이 그 목적이다.

순환식 설문의 최소한 한 시간 이상을 집중할 수 있는 응답자 집단에 수작업 형태로 적용하는 것이 보통이다. 〈정리 5.2〉는 그 절차이다.

〈정리 5.2〉 **순환식 설문 절차**

A 조직된 핵심 응답자 집단에 적용할 여러 설문을 조사자와 의뢰인이 합의하여 결정한다. 각 설문은 한 가지 문제를 구성하는 여러 세부 분야의 해결 방안을 위한 제안들을 수집하는 것을 목적으로 한다.

B 일련번호가 부여된 설문지를 준비한다(예: #1~#10).

C 소집된 핵심 집단 구성원들에게 1부터 10까지 한 번에 하나씩 지워가며 응답하도록 요청한다. 집단의 크기가 10을 초과하는 경우에는 전 과정을 거쳐 카운트를 반복한다.

D 구성원들은 각각 설문지를 가지고 있다.

E 집단에게 그들의 설문지 번호에 해당하는 것부터 응답하면서 시작하도록 안내한다. 예를 들어 설문지 번호가 3인 사람들은 설문 3부터 시작하고 번호가 4인 경우에는 설문 4부터 시작한다. 이렇게 함으로써, 모든 설문에 대한 반응은 회합 초기부터 이루어진다.

F 응답 카드나 종이별로 각각 상단 왼쪽 구석에 설문 번호를 기록하도록 안내하라.

G 모든 응답을 각 설문별로 구분하여 모으도록 말하라.

H 각 설문에 관한 생각이 더 떠오르지 않으면, 설문지 리스트에 따라 스스로 판단하여 앞으로 진행해나가도록 안내한다. 모든 설문에 대한 응답을 마무리하고도 시간이 남아 있다면, 설문지를 재검토함으로써 어떠한 설문에 관한 것이든 새로운 아이디어를 찾도록 안내하라.

I 종료 시간에 이르거나, 더 이상 집중이 안 될 때, 각 설문별로 모든 응답을 응답자로부터 모두 회수한다.

이렇게 하면 응답자 모두가 집단으로 여러 개 설문에 동시에 응답할 때 걸리는 시간보다 상대적으로 짧은 시간에 모든 설문에 대한 아이디어를 수집할 수 있다. 그러나 응답자 집단 모두 1개 설문에 동시에 응답할 경우와 비교할 때, 설문 1개당 아이디어 응답 수가 적은 것이 약점이다. 하나의 문제를 위해 여러 개의 설문을 사용하여 다양한 의견을 수집하는 것은 장점이다.

〈예 5.2〉에서 설문 작성의 예를 참고할 수 있다.

〈예 5.2〉 **미 공군 요원 과외**Off-Duty **교육을 위한 순환식 설문들**

01 이미지	어떻게 워크숍 프로그램의 이미지를 높일 수 있을까?
02 교육 내용	어떻게 이 과정의 적합성과 질을 향상할 수 있을까?
03 수강생	어떻게 수강생들의 필요에 맞출 수 있을까?
04 수강생 평가	어떻게 학습 결과를 전문적으로 측정할 수 있을까?
05 교육체계	어떻게 교육체계의 운영 구조를 개선할 수 있을까?
06 내부 역할 정의	누가 무엇을 할 것인가를 명확히 하는 방법
07 운용 차원의 생산성	적게 들여 많이 얻는 방법
08 스태프 요원 구성	질 높은 교육 요원을 얻고 유지하는 방법
09 교수와 스태프 개발	능력을 향상하는 방법
10 부수적 지원	교육과 상담 업무를 지원하는 방법(자금조달, 시설, 서비스, 홍보, 교재).

이것은 1981년 9월, 내가 하와이 소재 미국공군사령부를 위해서 주관한 '과외 교육과 카운슬링' 워크숍에서 사용한 것이다.

8. 질문과 대답 도구

질문과 대답 과정에서, 진행자가 교육 참가자들에게 '우리 초청 연사에 대해서 누구 질문 없습니까?'라고 질문할 때 일반적으로 흔히 나타나는 2가지 곤란한 현상을 아이디어 무한창출법은 피할 수 있게 해줄 것이다. 이 난처한 상황은 다음과 같다.

첫째로 아무도 반응을 나타내지 않고 침묵이 흐르는 경우와 둘째는 누군가 손을 들고 자리에서 일어나 자신의 개인적인 견해를 장장 10분간에 걸쳐서 상세히 설명하는 일이 빈번하게 생기는 경우를 말한다.

이때 어느 경우도 교육 참가자들의 관심사를 초청 강사의 전문 지식으로 연결하지 못한다. 2018년까지 이러한 질문과 대답 형식에서 야기되는 실패의 오랜 역사에도 불구하고 이러한 현상은 지금도 예외 없이 일반적인 현상으로 남아 있다.

해결책은 다음 〈정리 5.3〉에 제시된 절차에서 확인할 수 있다. 이것은 우리가 25년간 사용해온 방식으로서, 여러분의 초청 강사 발표를 성공적으로 끝낼 수 있도록 보장해줄 것이다.

> **01** 8×13cm 크기의 백지 카드를 참석한 모든 피교육 참가자에게 나누 어주라.
>
> **02** 초청 강사를 위해, 교육 참가자들이 가장 중요하다고 생각하는 질문 하나씩을 카드에 적어서 제출하도록 요구하라.
>
> **03** 카드를 회수해서 대충 두 다발로 나누어, 교육 참가자 중 2명을 선 정해 질문자 역할을 하도록 요청하라.
>
> **04** 질문자에게 질문이 적힌 카드를 한 다발씩 나눠주라. 다른 질문자는 질문을 검토해서, 가장 중요하다고 느끼는 질문부터 순서를 정하여 둘이 번갈아가며 강사에게 하나씩 질문을 하도록 요청하라.

우리는 특정 질문과 이를 제안한 사람을 분리함으로써 익명성 이 유지될 수 있으며 또한 질문들을 선택할 때 위에서 설명한 바 와 같이 어느 정도 질적인 판단을 할 수 있다는 점에 주목해야 한 다. 여기에 더해 이러한 환경하에서 교육 참가자들의 관심사와 질 적으로 훌륭한 강사의 전문 지식을 효과적으로 연결할 수 있다.

종료 시간 전에 질문이 떨어지는 일은 거의 없다. 그리고 진행 자는 기록으로 남겨진 질문의 데이터베이스를 확보하고 있어 강 사들이 추후에 참가자들에게 답변을 알려주는 데 이를 이용할 수가 있다. 여기에 더해서, 오랜 시간 자신의 견해에 관해 장광 설을 늘어놓으며 강의 시간을 소진하는 사람들을 막을 수 있다.

9. 강의실에서 쓸 수 있는 도구

중고등학교 교사나 대학교수인 독자들은 아이디어 무한창출법이 교육용 보조 수단으로 유용함을 발견할 것이다. 여기에 소개할 도구 모두 전 세계적으로 많은 강의실에서 사용되어왔다.

학습하는 도중 자연적으로 발생하는 환경에 특별히 적합할 수 있는 이른바 '기회의 설문'이라고 부르는 또 다른 도구가 있다. 가르치는 사람, 학생들, 그리고 사용하는 각종 교재 간에는 아이디어의 교류가 일어나기 마련이다.

예컨대 어떤 문제 하나가 떠오르는 경우 그 교육 현장에 있는 모든 사람에게서 나오는 아이디어들에 의해 즉시 해결될 수 있을 것이다. 모든 참가자가 바로 그 시간에 설문을 설계하여, 바로 몇 분간의 시간을 이용하여 개인적인 아이디어를 적어낼 수 있게 하는 방식이다.

특수한 경우에 필요한 도구들

1. 업무 진행 절차의 기록

업무 수행을 위한 절차가 준비돼 있지 않거나 잘못된 경우에는 실패가 뒤따르게 된다. 경험적으로 살펴보면, 절차의 부재 또는 잘못된 절차로 인해서 종종 치명적인 결과가 야기되어 값비싼 대가를 치르는 실례들이 허다하다는 것을 알 수 있다. 우주 항공 여행과 같이 과업이 복잡하면 복잡할수록, 요구되는 절차를 따르지 않는 경우에 부담하게 되는 비용과 그 충격은 더 엄청나게 마련이다.

예를 들어 제트엔진을 가동하는 절차는 다음과 같이 기술되어 있다. ①엔진 회전, ②불꽃 점화, ③연료 주입의 절차를 따라야 한다. 그렇지 않으면 예외 없이 엔진이 폭발한다.

아이디어 무한창출법 절차 기록 도구는 일상적인 설문에 의한 절차를 따르지 않는다. 그 이유는 첫째, 해당 과업에 정통한 소수의 사람으로 구성된 집단들에 의해서 이루어지기 때문이다. 둘째, 이 업무는 작업자가 책임을 져야 하기 때문에 익명으로 수행하는 과정이 아니다. 셋째, 이것이 온라인상에서도 가능하지만, 얼굴과 얼굴을 맞대는 대면식 워크숍에서 가장 효과적으로 이루어질 수 있기 때문이다.

1980년도에 미국 전술항공사령부TAC는 계속해서 증가하는 기지 단위 계약을 위한 규정 때문에 모든 보관용 선반이 서류로 가득 차게 되어 더 이상 넣을 자리가 없게 되었다는 것을, 전 세계에 분산된 기지 계약 업무에 배정된 신규 직원들을 통해 알게 되었다.

〈정리 5.4〉 업무 절차 기록의 단계별 요령

01 진행자와 의뢰인이 함께 절차가 필요한 과업들을 파악한다. 이 주제와 관련된 지식을 가지고 있는 워크숍 구성원들을 고객이 선정한다.

02 3~5명으로 구성된 소집단들을 참가자 집단에서 분리하여 조직한다. 각 소집단은 별개의 과업 절차를 만들어낸다.

03 분리된 집단들은 어떠한 논의를 시작하기 이전에 각 과업 절차에 필요한 일련의 단계(작은 백지 또는 8×13cm 카드 한 장에 하나의 단계)를 각 개인이 독립적으로 기술한 후 회의를 시작한다. 그들은 간결한 문체로 기록한다.

　모든 사람이 각자 자신이 옳다고 생각하는 단계를 만들어서 탁자 위에 이것들을 순서대로 배열하는 데에는 몇 분의 시간이 소요될 것이다. 시작부터 종료까지의 세부적인 사항이 모두 포함되도록 단계를 만들 필요가 있다.

04 몇몇 단계들은 다시 기술하고, 필요한 새로운 단계는 삽입하고, 또 불필요한 단계는 제거한다.

05 참가자 집단의 모든 구성원이 자신이 만든 일련의 절차에 만족하면, 해당 집단 구성원들과 자료를 나누어 가진다. 모두가 동의하는 하나의 세트로 작성된 절차를 만드는 것이 목적이다.

06 분리된 각 집단은 전 구성원이 모인 워크숍에서 그들의 절차를 간단히 보고한다.

07 전체 세트의 절차들은 최종으로 편집되어 승인을 받고 시행을 위해서 작업을 의뢰한 고객의 책임 의사결정자에게 보내진다.

이 문제를 풀기 위해서 크로포드 박사와 존 데미도비치John Demidovich 박사가 계약을 체결했다. TAC 지도부는 19개의 공군기지로부터 90명의 기지 단위 계약 담당자들이 버지니아주 랭글리공군기지에서 1980년 11월 16일부터 21일까지 함께 회의를 개최할 계획을 세웠다.

〈정리 5.4〉 절차 기술 요령을 이용한 이 회의를 통해 173개의 간결한 절차를 작성하여 90페이지에 달하는 한 권의 안내서로 출간했다. 이 안내서는 매우 경제적이고 효과적으로 TAC 기지 단위 계약 업무를 해결하고 있었기 때문에 전략공군본부SAC와 군사비행본부MAC에서 약간의 수정을 거쳐, 1981년도에 동일 절차 안내서를 채택하게 되었다.

사람들이 쉽게 이해하고 사용할 수 있는 형태로 된 합당한 절차를 설정한다는 것은 모든 영역에 있어서 매우 중요한 출발점이 될 것이다. 절차는 사람들에게 단순하게 '…을 이렇게…하라'처럼 말하는 것보다 더 많은 것을 알려준다. 이러한 관점에서 올바른 절차는 질적으로 불량한 업무 수행의 결과로 야기되는 엄청난 비용을 막아줄 수 있다.

2. 사례연구

사례연구는 대표적인 조사 분석 도구 중의 하나로서 하버드대학교에서 상표권을 가지고 있다. 아이디어 무한창출법은 몇 분 내에 사례연구를 할 수 있도록 하는 특별한 절차를 가지고 있다.

1988년 11월 19일, 샌프란시스코에서 열린 캘리포니아 치과협회 모임에서 66명의 치과 의사들은 크로포드 박사의 안내에 따라서 각자 자신의 개인적 경험으로부터 치과 윤리 사례를 하나씩 찾아 기술했다. 그들의 사례는 캘리포니아 남부 치과대학의 치과 윤리 교과서[9]의 중요한 내용으로 채택되었다.

치과 윤리 워크숍을 위한 아이디어 무한창출법 사례연구 안내는 〈예 5.3〉에, 치과 윤리 사례 중 하나는 〈예 5.4〉에 있다.

〈예 5.3〉 **치과 윤리 사례연구 안내**

- 잘 알고 있는 치과 윤리 위반 사항을 기억해보라.
- 8×13cm 카드에 일련의 발생 과정을 기록함으로써 어떤 일이 발생되었는지 간결하게 기술하라.
- 사건이나 사실을 10개 이하로 초점을 맞추어 경험을 설명하라.
- 당신의 이야기를 검토해보고 만족하면, 중요도에 따라 번호를 부여해라(1, 2, 3…).
- 당신의 사례연구 제목을 생각해서, 이를 별도의 카드에 기록하고 밑줄을 친 다음, 제일 위에 올려놓아라. 그리고 '리더십을 위한 교훈'을 한 카드당 하나씩 적어 한 세트로 만들어라.
- 이름, 제목, 소속 조직, 일자와 이메일 주소를 제목 카드 위에 적어서 전체를 종이용 클립으로 묶어라.

〈예 5.4〉 'HIV 감염 환자'에 대한 치과 윤리 사례연구

- 환자가 치과 사무실로 전화를 한다.

- 그는 6개월마다 하는 조사 및 예방 조치를 요구한다.

- 그는 또한 자신이 면역결핍증에 감염되었다는 것을 말한다.

- 안내원은 상황을 돌려서 말하고, 환자는 의사와 일정을 의논한 다음 연락해달라고 제안한다.

- 의사는 환자 받기를 원치 않아, "본 의사는 에이즈 환자를 치료할 준비가 되어 있지 않다"라고 안내원에게 말한다.

- 안내원은 전화를 걸어, 다른 곳으로 가라고 설명한다.

의사들을 위한 교훈

- 환자는 책임 있게 신중히 행동했다.

- 의사의 거절은 차별에 해당한다.

- "치료할 준비가 되어 있지 않다"라는 변명은 논리성을 결여하고 있다.

- 많은 사람이 HIV 감염증을 인정하지 않을지도 모른다.

- HIV 감염자들을 위한 정책이 수립되어야 한다.

- 병원 안내자들을 위해 구체적인 가이드라인을 동 정책에 포함해야 한다.

조직을 살리는 아이디어 무한창출법

사례연구의 목적은 다른 상황에서 이루어진 문제 해결의 사례를 교훈으로 문제 해결 방법과 능력을 배우는 것, 즉 벤치마킹이다.

아이디어 무한창출법 사례연구 도구는 발생된 내용과 이에 관한 결론을 한 페이지 내로 제공하고 있다는 점이 특징이다. 학술적 표준이 된 하버드 사례연구는 동일한 내용을 학습하는 데 상대적으로 더 긴 시간이 소요될 것이다.

3. 업무 보고서

지금까지 여러분은 수많은 전통적인 연구 및 분석 도구들보다 효율적으로 사용될 수 있는 아이디어 무한창출법을 살펴보았다. 여기에 한 가지 더 주목할 것이 있다.

최고경영자, 정부기관 책임자, 대학 총장, 이사회, 군 지휘자, 병원 행정가를 위한 외부 컨설턴트나 사내 조사 연구 책임자들은 〈정리 5.5〉에 제시된 요소들을 고려하여 작성한 보고서를 의사결정자에게 제출하게 되며, 이 보고서에 제시한 조사 결과를 토대로 자신들의 제안들이 효과적임을 증명할 수 있을 것이다.

- 구체적인 제안 내용
- 동 제안을 받아들이는 근거
- 그렇게 실행할 때 부딪히는 장애물
- 시행을 위한 단계
- 필요로 하는 자원
- 집행 책임자가 본 제안을 받아들이지 않는 경우 발생할 영향

이것은 익명성이 없는 또 다른 분석 도구이다. 1990년 6월 5일과 6일에 나는 텍사스주의 댈러스에서 있었던 공급자 파트너십에 관한 쿠퍼스 앤 라이브랜드Coopers and Lybrand 세미나를 진행한 바 있다.

미국의 거대 주요 계약 도급업자들로부터 차출된 정부 조달 전문가로 구성된 83명의 참가자와 함께, '우주 항공과 국방 산업의 정부 주요 도급업자들과 공급업자들 간의 관계를 증진시키는 방법'이라는 해결책을 설문을 이용해 진단용 워크숍(제5장의 "진단용 워크숍" 참고)을 진행함으로써 시작했다.

다음으로 각 세미나 참석자들은 자신들이 생각하는 가장 긴급한 제안들을 선정해, 향후 입법 위원회 또는 입법 청문회[10]에 제출될

경우를 대비하고자 총 113개의 업무에 관한 보고서를 작성했다.
〈예 5.5〉는 이러한 업무 보고서 중 한 가지이다.

〈예 5.5〉 **공급업자 평가 업무 보고서**

01 제안	• 공급업자 평가 방법의 개선책을 모색하라.
02 이유	• 체계적인 공급업자 네트워크는 중요하다. • 공급업자 성과에 대한 과거 내용은 미래 성과를 예측하게 해주는 지표이다. • 측정 기준으로서 가격은 너무나 단순하고, 다른 요소들은 판단의 문제를 요한다. • 가격만이 평가 기준으로 사용된다면, 질이 높은 공급업자들은 업계를 떠날 것이다. • 계획이 제때에 전달되지 않아 공급업자들이 맞추지 못한다. • 장기적인 비용 문제
03 장애 요소	• 연구 조사 필요 • 수뇌부들의 공급업자에 대한 편견 • 연방 정부 정책이 최저 가격을 제시한 공급업자 선정을 지시
04 실행	• 장기적인 최선의 가치를 산출해내는 평가 시스템을 만들어라. • 법적 변화에 대비하기 위해 의회와 협력하라. • 공급업자 업무 성과를 계속 관리하라.
05 필요로 하는 자원	• 자격을 갖춘 요원과 저비용

개발 중인 도구들

우리는 아이디어 무한창출법이 개발된 지 35년이 지난 오늘에도 '혹시 그 효과를 발휘하지 못하는 상황이 있지 않을까'를 계속 주시하고 있다.

기술 발전, 세계화, 인터넷, 교육의 확대, 모든 분야에 있어서 아이디어 무한창출법에 친숙한 전문가들이 수적으로 계속 증가하고 있어 새로운 적용 사례가 계속 늘어나고 있다. 아래에서 소개하는 도구들은 지난 10년 또는 20년간에 걸쳐서 점진적으로 개발되어온 아이디어 수집 관련 기법들이다.

그러나 이들의 적용 상황으로 볼 때 꽤 많은 경우가 타당성이 검증되지 않는 상태에 머물러 있다고 생각된다. 하지만 다음 실험 도구들의 경우, 제한적인 적용을 통해 실험한 결과 그 성능을 발휘하는 데 실패한 적은 없었다. 앞으로 이 도구들의 유효성이 확인되면 획기적인 조사 능력을 갖출 것이다.

1. 암묵적 지식의 포착

우리는 아이디어 무한창출법이 지식을 포착한다는 것을 입증해왔다. 하지만 지식이란 복잡한 인간 현상이다. 우리가 필요로 하는 지식과 우리에게 이용될 가능성이 있는 지식은 크게 3가지 범주에 속한다.

〈정리 5.6〉 **지식의 3가지 범주**

A. 환경적 지식	환경에 대한 이해, 통제 및 환경 변화에 관한 지식(대부분 물리학 등 자연 과학의 범주에 속한다)
B. 인간적 지식	개인, 집단, 사회에 대한 이해, 통제 및 이들의 변동에 관한 지식
C. 통제적 지식	앞의 2가지 범주 지식의 이용 또는 추가적인 개발에 관련된 지식

20세기에 있어서 매우 흥미를 자아내는 과학적 발견은 헝가리 학자 마이클 폴리아니에 의해서 이루어졌다. 그는 인간의 지식은 2가지 형태를 따른다는 연구 결과를 밝혔다. 명시적 지식Explicit Knowledge과 암묵적 지식Tacit Knowledge이 그것이다.

명시적 지식은 학습을 통한 배움으로부터 나온다. 한편 암묵적 지식은 삶에서 나온다. 암묵적 지식은 공식적인 형태로 표현되지 않고, 개인적이며 경험적이고, 명확하게 나타나지 않는다. 명시적 지식은 반대로 명확히 기록될 수 있으며 사적이지 않고 공적이다.

폴리아니는 1946년에서 1966년[11] 사이에 수 권의 책을 출간했으며, 이 저술을 통해서 여러 결론을 내린 바 있다. 그중에서도 특히 암묵적 지식의 특성을 다음과 같이 설명했다.

〈정리 5.7〉 **암묵적 지식의 특성**

> **01** 특정한 문제에 대한 유효하고 타당한 지식
>
> **02** 해결책에 대하여 여러 가지 접근 방법을 통해 과학자들의 추진력이 발휘되고 있다.
>
> **03** 아직은 확신할 수 없는 암시적 현상을 내포하고 있으나, 종국에 가서 나타날 발견에 대한 유효한 예측
>
> **04** 우리는 우리 스스로 말할 수 있는 것 이상으로 더 많이 알고 있다.

폴리아니 박사는 암묵적 지식이 인간의 행위와 명시적 지식을 추구하는 강력한 동기를 부여한다고 가정했다. 아이디어 무한창출법이 인간이 무의식적으로 가진 암묵적 지식을 표면으로 끌어낼 수 있다는 사실을 뒷받침하는 증거가 있다. 이러한 증거가 크게 확대된다면, 암묵적 지식이 지금까지 잃어버린 연결 고리였다는 관점에서 볼 때, 앞으로 문제 해결이나 의사결정 분석에 획기적이고 강력한 영향력을 미칠 것이다.

2. 스마트 아이디어 무한창출법

나는 1981년, 당시 84세인 크로포드 박사와 그가 창안한 크로포드 슬립 기법을 남가주대학교에 도입하도록 주선했다. 그 후 4년 뒤인 1985년도에 이 대학은 나에게 아이디어 무한창출법의 전산화 방법을 모색하도록 6개월간의 연구 기간을 허락했다.

이 연구의 한 가지 중요한 의미는 머신 인텔리전스machine intelligence, 즉 기계에 의한 정보 처리 능력을 활용하여 응답자의 집단 조사 방법으로 자료를 수집하고 분석하는 데 획기적인 발전이 가능할 것이라는 점이다.

이제 그때가 온 것이다. 1995년에 크로포드 슬립 기법을 구성하고 있는 각 단계, 즉 조사 설계, 자료 수집, 자료 분류와 축소, 문제 해결 건의안 창출에 컴퓨터를 적용하기 시작하면서, 새로운 기능을 추가하여 개선된 새로운 기법의 명칭을 아이디어 무한창출법으로 명명하게 되었다. 이 명칭은 2000년도에 미국 상표등록으로 확정되었다.

수작업에 의한 아이디어 무한창출법의 원칙들은 그대로 유지되면서, 수작업 방법(이것은 지금도 계속 사용되고 있다)에서 자동화 방법으로 각 단계가 진행됨에 따라서 이 기법의 적용 효율과 효과가 훨씬 개선되고 증가했다.

1997년에 사우스오스트레일리아대학교 국제경영대학원은 나에게 당시 홍콩민간항공국의 매니저이며 컴퓨터 과학자인 레이먼드 체의 박사학위 연구와 논문 작성을 지도해달라고 요청했다. 그는 당시 세계 최대의 건축 공사였던 홍콩의 쳅락콕 국제공항Chek Lap Kok Airport의 통합 컴퓨터 시스템 설계와 프로그램 설치 업무를 관장하고 있었다.

박사학위 연구를 위해서 레이먼드 체가 선택한 논문 주제는 '홍콩 항공국 고품질경영'이었다. 나는 그에게 아이디어 무한창출법을 제안하여 그가 배우고 경험하도록 지도했다. 그는 곧 가장 어려운 작업을 자동화하는 것이 최선의 방법이라고 생각했다. 여기서 가장 어려운 작업이란 수많은 응답자들로부터 산출해내는 엄청난 양의 정성적인 아이디어 자료를 몇 개의 범주로 분류하는 것이었다.

그의 자동화 프로그램 설계는 2000년에 이루어졌고 2001년에 '스마트 아이디어 무한창출법'을 사용할 수 있었다. 그리고 2001년에 500명의 항공 전문가들로 구성된 핵심 응답자 집단과 함께 이 기법을 중국 상하이에서 적용했다.

이러한 스마트 아이디어 무한창출법은 주제에 관한 설문(제4장 참조)에 대하여 레이먼드 체가 구성한 응답자 집단으로부터 받은 이메일을 통해 무작위로 수집한 응답들에 처음 적용했다. 자료들은 자동 키워드 콘텐츠 분석 방법을 활용하여 분석되었다. 2002년 1월, 그는 사흘간 응답자 집단 60%가 이메일로 응답했다고 크론 교수에게 보고했다.

그 후 2002년 4월 29일 레이먼드 체와 홍콩에서 만났을 때, 그는 나에게 3일 이내에 100%의 응답을 얻는 것이 이제는 어려운 일이 아니라고 말했다. 그의 최종 보고서에서 "우리는 3개월이 소요되는 조사를 3일 만에 해냈다"고 기록했다. 일반 조사 또는 아이디어 창출 연구 조사에 있어서 역사상 이 정도의 정보 생산 능력을 달성했다는 말을 그 어느 사람들로부터도 들은 적이 없다.

레이먼드 체는 보고서에서 아이디어 무한창출법의 기본적인 원칙이 매우 큰 규모의 핵심 응답자 집단이 아이디어를 제출하도록 유도했다고 지적했다. 응답자들은 의견을 익명으로 제안했으며 자신이 제출한 아이디어에 대한 비판이나 책망을 받을 위험을 느끼지 않고 진행했다고 말했다. 응답자들은 그들이 지적한 문제점과 그 해결을 위한 제안을 경영진이 관심을 가지고 볼 것도 알고 있었다.

그들은 자신들의 민간항공 산업 경험이 홍콩 항공국 고품질 경영을 계획할 때 예상되는 문제점들을 사전에 점검할 수 있었고 설계 단계에서 문제점을 미리 피할 수 있었다고 말했다.

500명으로 구성된 핵심 집단 구성원들의 다양한 배경과 업무

상의 경험을 반영한 아이디어들은 레이먼드 체의 자동화 프로그램으로 수집되었고, 제기된 주제들에 대한 시스템 접근 방법을 활용하여 해결안을 만들어냈다. 그리고 4개의 서버가 동시에 계속해서 가동됨에 따라 한 주제에 대한 모든 아이디어 자료 수집을 3일 만에 완료했다. 미래에 나타나리라고 예상되는 결과들의 구체적 내용에 대해서는 독자들의 상상에 맡기겠다. 연구 결과도 곧 출간될 것이다.

스마트 아이디어 무한창출법은 2018년 현재, 아직도 실험 단계에 있다는 사실을 밝혀둔다. 넓은 범위의 상황에 적용 가능한 도구가 되기까지는 상당한 추가 작업과 시간이 필요할 것이다. 인공지능이 아마도 획기적인 수단을 제공할 것으로 생각한다. 그런 날이 도래하면 어떤 목적하의 연구 조사를 통해 아이디어와 개선안을 제안할 사람들로부터 수집되는 질적인 아이디어가 빠르게 증가할 것이며, 우리 모두 그에 따른 상당한 혜택을 누릴 것이다.

3. 신경조직의 지적 능력과 정신적 질병 치료법

과학은 복잡한 인간 두뇌와 마음의 연결 고리에 대하여 아직도 충분히 이해하지 못하고 있다. 하지만 우리는 신경학과 아이디어 무한창출법에 관한 추가적인 새로운 생각을 이 장의 주제인

"개발 중인 도구들"에 포함하고자 한다.

의학박사이며 미 공군 장교인 마크 밸리Marc Valley는 캘리포니아주 리버사이드에 있는 마치공군기지 병원에서 근무하고 있었다. 그는 지식을 넓히기로 결심하고 1987년부터 1988년까지 남가주대학교에 있는 시스템 관리학 석사학위 프로그램을 수강했다.

그는 나의 '시스템 분석' 과목을 수강하면서 아이디어 무한창출법을 접했다. 석사학위 논문 자료의 조사[12]를 위한 2개의 연구에서 이 기법을 이용했으며 이와 관련된 신경과정[13]을 탐구하는 논문을 함께 작성했다.

밸리 박사는 연구 논문에서 **연상기억**associative memory 개념을 도입했다. 그는 연상기억을 아이디어 무한창출법 설문 응답자들의 아이디어를 창출하는 가장 가능성이 높은 두뇌 기능이라고 설명했다.

이러한 현상은 이 아이디어 무한창출법이 개인의 암묵적 지식을 노출시킬 경우에도 작용한다는 것을 의미한다. 받은 정보를 정신적으로 보유하는 것은 또 다른 중요한 두뇌 기능이다. 새로 받거나 기억하고 있는 상태에서 그 정보를 기록하는 것은 정보 유지에 도움이 되고 기록의 영구적인 문서화를 가능케 한다.

어떤 주제에 관한 데이터베이스를 위해 포착한 일련의 아이디어를 기록하여 이렇게 문서화하는 것은 아이디어 무한창출법의 영구성과 영향력을 설명해주는 특성이다. 크로포드 박사가 자신의 경영 상담과 강의를 위해서 만들어낸 아이디어 응답용 작은 종이쪽지를 통해 수집된 아이디어 자료를 1926년까지 거슬러 재검토할 수 있다.

아이디어 무한창출법에서는 모든 응답 자료의 90%를 기록하고 있다. 이 점이 바로 아이디어 무한창출법이 브레인스토밍보다 우수한 연구 결과를 만들어낸 주요한 이유라고 할 수 있다.

브레인스토밍을 창시한 찰리 클락은 브레인스토밍 기법의 약점을 개선하기 위해 몇몇 아이디어 무한창출법 도구와 혼합했다. 그 이전에는 응답의 90%가 구두로 이루어지고 있어서 응답자의 익명성이나 참여 의지를 방해하는 여러 약점을 드러냈다.

아이디어 무한창출법을 다른 아이디어 창출법과 비교해보겠다.

다른 아이디어 창출 도구들

지난 35년간 아이디어 무한창출법과 다른 아이디어 창출 방법들의 여러 특징들을 비교해 그 차이점을 분석해왔다. 다른 기법들에 대한 완전한 설명은 독자들이 조사하여 파악할 수 있을 것이다. 여기서는 요약한 평가 내용을 간단하게 제시하기로 한다.

1. 브레인스토밍

브레인스토밍Brainstorming은 세계적으로 가장 잘 알려진 아이디어 창출법으로 자리매김하고 있다. 크론 교수와 그의 동료 연구자들은 영광스럽게도 브레인스토밍의 창시자인 찰리 클락과 이 분야의 전문적인 동료이자 친구로 같이 일해왔다. 이 책의 뒤표지에 게재된 그의 추천사를 참조하기 바란다.

원형의 브레인스토밍이 가진 한계점은 응답자들이 아이디어를 제안할 때 대부분 응답을 구두로 하는 것, 자료 축소를 위한 규칙이 없었다는 데 있었다. 창시자 찰리 클락은 1980년대에 크로포드와 크론의 방식에 의하여 발전된 아이디어 무한창출법의 강점을 브레인스토밍에 결합함으로써 이러한 한계를 극복했다.

브레인스토밍의 진행 단계는 다음과 같이 요약할 수 있다.

01 해결해야 할 문제에 정통한 사람들을 응답자 집단으로 소집한다.

02 자유로운 사고를 위해 누구에게나 응답할 기회를 준다(어떠한 아이디어도 완벽할 수는 없다).

03 회의 첫 단계에서는 어떠한 아이디어에 대해서도 비판하거나 비웃는 행동을 금한다.

04 새로운 아이디어나 관련된 아이디어 창출을 장려하기 위해 다른 사람의 아이디어를 자유롭게 활용한다.

05 다른 아이디어들을 개선시키기 위해서 다른 아이디어에 무임승차하는 것을 장려한다.

06 다음 7개 질문의 첫머리 철자를 모아 약자로 만든 SCAMPER 체크리스트를 종종 사용한다.

- 당신은 무엇을 대체$_{Substitute}$할 수 있는가?

- 당신은 무엇을 결합$_{Combine}$할 수 있는가?

- 당신은 무엇을 개조$_{Adapt}$할 수 있는가?

- 당신은 확대$_{Magnify}$, 축소$_{Minify}$, 다양화$_{Multiply}$할 수 있는가?

- 당신은 다른 아이디어에 붙일$_{Put}$ 수 있는가?

- 그 밖의 다른 것$_{Else}$은 없는가?

- 그리고 당신은 기존 아이디어를 재구성$_{Rearrange}$하거나 뒤집을$_{Reverse}$ 수 있는가?

2. 델파이 방법

델파이 방법Delphi Method은 캘리포니아주 산타모니카에 위치한 랜드코퍼레이션연구소에 의해서 1960년대에 공군이 위촉한 연구 계약에 의한 과제로 개발되었다.

이 기법은 초대받은 전문가로 구성된 토론 패널로부터 어떤 복잡한 문제에 관해 '합의된 의견'을 얻는 것을 목적으로 한다. 진행자는 핵심 문제에 관한 질문지를 토론 패널에게 보낸다.

돌아온 응답 자료는 통계적 분석을 거쳐, 수집한 응답들의 관점이 어떻게 수렴되고 또는 확산되고 있는지를 확인한다. 축적된 응답 자료로부터 얻어낸 여러 관점을 정리하여 토론 패널 구성원들에게 전달한다. 이 기법에서는 응답자의 익명성이 유지된다. 연속적인 질문으로부터 수집된 자료를 반복적으로 분석하여 합의된 유용한 결론을 정책 결정자들에게 제공함으로써 이 기법의 목적을 달성할 수 있다.

델파이 방법의 한계점은 시간이 많이 소요되며, 전문가 확보 및 필요한 통계적 분석에 많은 비용이 드는 데 있다. 이 기법은 가장 전문화된 조사 방법이다. 기술의 도움으로 이러한 과거의 한계점들은 점차 극복되어왔으며 예측되는 과학과 기술 변화는 이 기법의 활용을 위해 매우 중요하다.

3. 품질분임조

품질분임조Quality Circle는 브레인스토밍의 일본형 수정판이다. 품질분임조는 같은 부서에서 근무하는 직원들로 구성된 소규모 집단으로서, 그들의 관리자와 자발적으로 정규적인 모임을 갖고 품질관리와 생산성 향상 기법을 연구하여 그 결론을 경영진에 보고한다. 그리고 이 결론을 자기 업무에 적용하며, 그 아이디어를 효과적으로 집행하는지를 관찰한다.

시간이 경과함에 따라서 문화적 차이가 품질분임조의 성공과 실패의 주된 원인이라는 것이 밝혀지고 있다. 문제를 분석하고 제안을 준비하는 과정에서 응답자 집단이 느리게 움직일 때도 의사결정자는 참을성이 있어야 한다.

미국과 영국 사업 문화에서는 아시아에서 볼 수 있는 인내심을 찾기가 매우 드물다. 21세기가 시작되면서 품질분임조는 세계적으로 그다지 활발하게 활용되지는 않고 있다.

4. 제안 제도

회사 내 벽에 제안 상자를 준비해놓고 구성원들에게 공개적으로 자진하여 의견을 제안하게 하는 이 방법은 유효성이 제일 낮은 아이디어 창출법이다. 채택된 아이디어에 주는 보상 제도가 연계되어 이 방법이 시행되는 경우에는 더러 개선 방법을 창출해내기도 한다.

하지만 여기에는 아이디어 창출과 자료 분석을 위한 시스템이 없다. 창의적인 아이디어의 질과 양은 매우 낮은 수준이다. 따라서 우리가 아이디어 창출 방법을 찾을 때 유일하게 이 제안 제도를 사용하라고 추천하는 것은 문제가 있다.

5. 설문지

설문지 조사 방법은 특별하게 필요한 사용처와 그 이점이 있다는 특징을 가지고 있다. 이러한 생산적인 사용 분야는 주로 신제품 선택과 제품에 대한 선호도를 파악하기 위한 마케팅 업무와 관계가 있다.

설문지 방법은 매우 노동 집약적이고 비용이 많이 소요된다. 이 방법의 가장 큰 제약은 시스템의 개선점을 찾아내는 것보다는 편견이 개입되지 않은 질문을 설계하는 일과 수집된 의견들을 통계적으로 처리하는 데 따른 어려움에 있다.

렌시스 리커트Rensis Likert 모델은 1950년대에 미시간대학교에서 개발된 것이다. 이 설문 모델에서 응답자들은 설문에 대한 답을 '동의' 또는 '동의하지 않음'로 응답하게 되어 있다. 이때 5가 '완전 동의'를 나타내며 동의하는 정도에 따라서 1에서 5까지 수치 중 하나를 택하여 표시하게 되어 있다. 이 방식은 지금도 많은 경우 설문지의 한 형태로 남아 있다.

설문지 방법은 이러한 설계상의 결함이 있으며 유용성이 제한적이다. 이 방법 하나만을 사용하여 아이디어를 창출할 때, 그 결과가 왜곡될 위험까지 감수해야 할 것이다.

어떤 조사의 경우는 자료를 얻기 전에도 종종 통계적 결과의 예측이 가능하다. 그러나 이 결과의 타당성에는 의문이 있기 마련이다. 공적 조직이든 사적 조직이든 간에 의사결정자가 유일한 정보 수집 방식으로 설문 하나에 의존해서 수집한 의견만을 믿고 결정하는 경우는 결코 흔치 않다.

6. 케프너-트레고 방법

1958년 이후 케프너-트레고사는 기업체에 경영 상담과 직원 훈련 서비스를 제공해왔다. 업무 성과의 측정과 개선 방법의 일부분은 구성원들이 더 명확하게 사업상의 문제점을 정의하고, 그 해결책을 찾는 데 필요한 창의적 사고를 구조적으로 모색하는 하나의 접근 방법이다. 이 기법은 고객을 위한 아이디어 창출 방법으로 거의 50년의 역사를 가지고 있다.

7. 여론 조사

현재까지 여론 조사의 잘 알려진 이용 사례는 정치적 선거를 위한 투표 결과를 예측하는 수단의 경우이다. 사전 여론 조사에 의한 예측이 실제로 일어난 사실을 밝히는 데 실패하는 사례가 많다. 하지만 지역 사회 또는 사회 집단에 의한 사전 투표의 기록을 잘 자료화하면 할수록 점차 좋은 결과를 얻게 된다.

최근에 빌 오렐리Bill O'Reilly의 질문에 대한 응답이 폭스 뉴스에 전자식으로 전달되는 것처럼, 매체들은 정치, 사회, 군사 문제들에 대한 '예' 또는 '아니오'의 응답을 매우 많은 사람들에게 요청해왔다. 이러한 추세는 여론 조사를 위한 이 방법의 활용을 빠른 속도로 확대하며 많은 사업 분야의 의사결정자들로부터 관심을 불러일으키고 있다.

그러나 여론 조사는 아이디어 창출법이 아니며, 다른 사람들이 제시하는 아이디어에 대한 견해를 얻기 위한 수단이다.

8. 수평적 사고

1967년에 에드워드 드보노는 **수평적 사고**Lateral Thinking라는 개념을 창안해냈다. 그가 전제로 하는 가정은 같은 방향으로 노력하면 할수록 방향을 바꾸는 경우보다 유용하지 않을 수 있다는 것이었다.

드보노의 해결 방법은 사람들이 그들의 인식과 개념을 바꾸도록 자극하는 도구들을 포함한다. **평행적 사고**Parallel Thinking는 드보노의 또 다른 발명으로, '6개의 모자를 쓰고, 문제에 접근하는 사고 방법'으로 목적 달성을 촉진시킨다. 해당 웹사이트를 참조하면 자세히 알아볼 수 있다(https://www.edwddebono.com/).

비교적 새로운 아이디어 창출법들이 많이 있는데, 예를 들면 트리즈TRIZ, 이노베이션 하이웨이Innovation Highway, 콤파스Compass, 비전 서클Vision Circle, 에고 알터Ego Alter, 네이처 심볼Nature Symbol 및 매트릭스Matrix 등이 있다. 이러한 방법 대부분은 브레인 스토밍의 7개 SCAMPER 질문 중의 하나 또는 그 이상을 이용하고 있다.

2018년 8월 27일, '아이디어 창출법Idea Generation Methods'을 구글에 입력하자 0.38초 만에 136,000,000개 웹페이지가 검색되었다. 그 짧은 순간에 이루어진 이 검색 수는 나처럼 나이 든 세대 사람들에게 이해가 안 될 정도였다.

철학자들에 의한 아이디어 연구는 시간상으로 멀리 아리스토텔레스와 플라톤까지 거슬러 올라간다. 20세기 초 저명한 철학자 중 한 사람인 알프레드 화이트헤드는 1933년에 《아이디어의 모험들Adventures of Ideas》을 저술했다. 이 책에 소개된 그의 주요 논제는 사회학적이고 우주론적이며 철학적인 것들이다.

아이디어를 창출하는 것은 인류의 계속적이고 보편적인 활동 중의 하나다. 이렇게 인간이 활동을 계속함으로써 지구상에서 인류가 필요로 하는 발전과 영생을 이룩하고 우주상에서의 인류의 정착에 기여하게 될 것이다.

6

자료를 어떻게
수집할 것인가

소련의 공산당 서기장이었던 미하일 고
르바초프는 재조직과 개방이라는 자신의
아이디어를, 1985년도에 소련 정치와 사
회에 주입했다. 이것은 소련 연합, 러시아
그리고 세계에 급격한 변화를 가져왔다.

미하일 고르바초프, 《페레스트로이카: 국가와 세계를 위한
신사고Perestroika: New Thinking for Our Country and the
World》(1987)

아이디어 무한창출법을 사용해서 집계된 전체 자료는 기밀문서로 취급되어야 한다. 여기에는 법적이거나, 고객의 정책에 따르거나, 실무적인 이유가 있다.

당신의 데이터베이스는 지적 재산권 법률의 적용 대상이 될지도 모른다. 연구 조사를 의뢰한 고객의 조직의 경우, 익명성이 보장되었다 할지라도 그들의 직원들이 제공하는 정보에 관한 정책을 가지고 있을지도 모른다.

나와 함께 일했던 몇몇 대학들은 석박사학위 지원자들에 의해서 만들어진 조사 자료 원본을 기밀로 규정하여 7년간 보관하게 하는 강제 조항을 가지고 있었다. 수집한 자료들은 일단 규제 대상으로 받아들여 안전하게 저장하는 사전 계획을 처음부터 세워야 한다.

아이디어 무한창출법으로 자료 수집을 시작할 때 어떠한 프로젝트라도 지켜야 할 규칙이 있다. 연구 조사 의뢰 기관의 조직 전체와 관련되는 아이디어 응답을 요구하는 설문을 설계함으로써, 그 조직의 전반적인 수준에서 조사를 시작해야 한다는 것이다. 다시 말하면 설문은 그 조직의 전반적인 관점에서 포괄적으로 여러 아이디어를 수집할 수 있도록 작성해야 한다.

자료 수집 시 직능별 또는 조직의 상하위 계층별로 접근하면, 주제에 대해 응답할 핵심 집단의 사고에 영향을 미치게 된다. 그리고 그들이 자신의 업무 분야나 자신이 속해 있는 계층의 입장에 관한 문제 혹은 세부적인 사항에 몰두하도록 이끌게 된다. 따라서 설문 조사와 자료 분석은 조직의 최상위 수준에서 시작해 점차 세부적인 주제들로 확장하고 또한 상세한 사항들로 이동해 가도록 전략을 세울 필요가 있다.

다시 말하면, 먼저 '제너럴 모터스를 어떻게 개선할까?'라고 설문을 던진다면 응답자들의 생각을 제한하지 않게 된다. 그러나 처음부터 '캐딜락 자동차의 운전석 문을 더 잘 작동하게 하려면 어떻게 해야 할까?'라는 식으로 묻는다면, 제너럴 모터스 회사의 문제점의 진정한 원인을 놓칠 가능성이 매우 커질 것이다.

주변 환경과 고객의 필요에 따라서 이러한 설문 규칙에 대한 예외들이 있다. 당신이 경영 시스템의 하위 수준이나 하위 업무에서 시작한다면, 그렇게 하는 타당한 이유를 명확히 설명하는 것을 잊지 말아야 한다.

개인의 반응은 그러한 반응을 요구하는 설문에 매우 민감하다는 것을 기억하길 바란다. 따라서 수작업이나 전자식으로 얻은 응답들을 그 응답의 근거가 되는 설문과 함께 보관하는 것을 언제나 최우선으로 하여야 한다. 일단 자료 분류와 유사한 응답들을 통합하여 그 수를 축소하는 작업이 시작되면(제7장 참조), 진행 중인 프로젝트를 위해서는 더 이상 그럴 필요가 없다.

하지만 어떤 프로젝트와 관련하여 수집한 자료들은 미래의 여러 가지 경우에 중요하게 쓰일지도 모른다는 사실을 기억하기 바란다. 응답 자료를 수합한 다음, 누구나 그다음 단계의 작업을 컴퓨터로 전산화할 것이 확실한 경우에는 앞으로 진행할 작업을 위해 간단히 해당 자료 파일을 복사해두어야 한다.

아이디어 무한창출법을 기본적인 연구 조사 도구로 하여 자료를 창출하는 경우, 이것은 다른 사람들이 만들어낸 자료와 정보를 수집하는 제2의 보조 도구로 사용하는 게 아니다. 그렇기 때문에 우리가 최초로 얻는 정보 자료는 많은 양의 가공되지 않은 기초 자료라는 것을 인식하여야 한다.

다음 제7장은 자료의 조직화와 축소를 거쳐 최종 보고서로 가기 위한 후반부 과정을 안내한다.

순수한 정보(유일하게 가장 중요한 아이디어)의 가치는 운용 자본으로서 새로운 문화에 한정된다.

_ 마이클 로저스, "새로운 지평의 호황 혹은 불황Boom or Bust on the New Frontier", 〈사이언스 다이제스트Science Digest〉(1985)

7

무슨 의미를
찾아낼 것인가

과학의 가장 중요한 기능은 현존하는 시
스템이 어떻게 움직이고 있는지를 관찰
하여 문서화함으로써 인류의 변화해가는
욕구를 좀 더 잘 충족시킬 새로운 시스템
을 설계하는 것이다.

밥 크론, 박사학위 과정 학생 지도 중(1995-2007)

의미를 찾아내는 4단계 경로

가공되지 않은 기초 자료에서 의미를 찾아내는 것은 어떠한 분석에서도 가장 어려운 부분이다. 아이디어 무한창출법은 매우 많은 미가공 기초 자료를 산출해낸다.

자료를 조직화하고 축소하는 작업을 **자료 분류**Classification라고 부르며 아이디어 무한창출법의 성공적인 사용을 위한 가장 어려운 작업이다. 이 기법이 적용하고 있는 논리는 응답자 집단 조사 방법을 사용한다는 면에서 그 어느 기법과도 다르다.

다음에 나오는 4개의 일반적인 단계는 카드(8×13cm)나 작은 종이쪽지에 수작업으로 응답을 적어내는 자료 수집 방법에 관하여 설명하고 있다. 이 방법의 우월성을 유지하기 위해서, 수작업 형태를 컴퓨터 이용 형태로 수정할 때에는 이러한 원칙과 단계를 반드시 준수하여야 한다.

1단계: 자료 분류

워크숍 참석자들로부터 설문에 대한 모든 응답들을 회수한 다음 수집한 응답 카드를 모두 섞으면 순서에 따라 차례로 작성된 응답들이 무작위로 섞이게 된다. 각 응답을 하나씩 읽고 그 아이디어에 가장 적절한 범주의 제목(예: 핵심 단어 또는 구절)을 부여하여 분류된 응답들을 범주별 무더기로 정리한 후 함께 보관한다.

여기에 사용되는 논리는 응답의 내용이 범주의 명칭을 만들어내는 근거가 되는 것이므로, 프랜시스 베이컨의 귀납적 논리라 할 수 있다. 모든 시도는 분류의 범주화 과정에 관한 어떤 모형이나 이론 또는 분석자의 편견에 의존하지 않도록 이루어져야 한다.

분류된 응답들로 만들어진 여러 개의 범주화된 자료 뭉치들을 책상 위에 준비된 카드 상자에 알파벳 순으로 정리하여 보관한다. 만일 컴퓨터에 의해 전자식으로 이루어질 때에는 온라인상의 응답들을 범주별로 분류하고 또 이것을 알파벳 순으로 정리하는 것이 가능하다.

그리고 수작업에 의한 데이터베이스를 전자식으로 옮겨서 작업하는 것도 가능하다. 이 과정은 응답들이 해당 범주별로 모두 할당될 때까지 한 번에 제출된 한 아이디어씩 같은 과정이 계속된다.

2단계: 자료 범주의 규모 축소

1단계에서 만들어진 수많은 세트의 범주들(예컨대, 2천 개의 최초로 수집한 응답 자료로부터 100개 이상의 범주가 만들어지기도 한다)은 이제 축약되어 하나의 거대한 범주로 통합된다.

어미 고양이를 찾아 어린 고양이들이 집으로 모이듯이, 구성된 큰 자료 범주들에 주어지는 명칭은 연구 조사의 최종 결과를 보고서나 책으로 출간할 때 그 내용을 구성할 부문별 제목이 될 것이다. 이와 같은 작업의 논리는 1단계에서와 달리 성격상 아리스토텔레스의 연역법으로 보아야 할 것이다.

아이디어 무한창출법의 자료 분석자는 여기서 3가지를 고려하게 된다. 첫째, 해결해야 할 문제점이 무엇인가? 둘째, 연구 조사 결과를 어떤 보고 형식(제품)으로 제시할까? 예를 들면 훈련용 메뉴얼, 보고서, 기사, 책, 계획서 등(제8장 참조)을 고려하는 것이다. 마지막으로 셋째, 축소 과정이 진행되면서 2개의 본질적인 의문을 던지게 된다.

〈정리 7.1〉 **축소 과정에 필요한 질문**

> **01** 대형 자료 범주들은 개념적인 범위로 볼 때 상호 배타적인가?
>
> **02** 대형 자료 범주들을 모두 합친 전체 세트는 시스템적으로 생각할 때 그 주제와 합치되고 있는가?

이 시점에서 조사 분석자가 확신을 가지고 '그렇다'라고 답할 수 있는 경우는 거의 없을 것이다. 대형 자료 범주들과 그들의 내용은 총 4단계의 과정이 한 단계씩 진행됨에 따라 취합하여 편집되어갈 것이다.

3단계: 우선순위 부여와 대범주들의 세밀한 조정

어떠한 문서의 구조든 각 부분을 통해서 자연스럽게 전체에 이르도록 하는 논리를 가지고 독자가 전체를 구성하고 있는 다양한 세부 내용을 섭렵하도록 유도한다. 이 규칙은 픽션과 논픽션 작가들에 의해 서로 다르게 해석되고 있다. 2단계에서 만들어진 최초 세트의 대형 자료 범주들은 분석이 진행됨에 따라서 항상 편집이 필요하다.

이 편집은 **안정된 윤곽**stable outline에 도달할 때까지 3단계에서 계속된다. 안정된 윤곽이라고 판단하는 기준은 각 부분에 붙여준 제목이 필요하고도 충분하다고 판단되는 핵심적인 주제들을 명확하게 정의하고 있는지에 있다. 이때 모든 부분적 자료 범주의 제목들이 시스템적 접근 방식을 통해 주제에 도달했다는 것을 의미한다.

우리는 왜 시스템 접근을 원하는가? 그 이유는 시스템적 사고가 우리의 프로젝트에 영향을 미치는 중요한 구성 요소나 변수를 고려하는 과정에서 실수를 방지해주기 때문이다. '규칙 7±2'를 기억해두라. 5개에서 9개 미만(이것은 신경계적 근거)에 비록 엄격한 규칙은 없지만, 연구 조사의 최종 결과물(보고서)의 목

크로포드 박사가 종이쪽지에 쓴 응답 자료를 수작업으로 분류하고 있다(1955년).

조직을 살리는 아이디어 무한창출법

차에 들어갈 장과 세부 절의 개수를 결정할 때 유용하다.

여기서 적용되는 논리는 철학자 헤겔의 변증법적Hegelian dialectic 으로서, 정-반-합의 방식에 따라 정해진 대형 자료 범주의 제목을 결정하여 연구 결과 보고서의 목차에 써넣는다. 그리고 하나하나 수집된 응답 자료는 해당되는 제목을 가진 자료 범주에 포함시킨다.

4단계: 최종 제품으로 편집

아이디어 무한창출법의 응답 자료 분류를 위한 마지막 단계는 앞의 3가지 단계가 모두 올바로 이루어진다면 자연히 완성될 것이다. 자료 범주 안에서 아이디어들은 문장으로 정렬되고, 문장과 문단 간에 필요한 조율을 통해 조사 결과 보고서의 논리와 목차의 구성이 한층 더 정리되고 질적으로 향상된다.

모든 응답들은 응답자의 말로 쓰여 있다. 그러한 말들은 그들 자신의 개인적 경험으로부터 도출된 것이기 때문에, 자연적으로 자료를 창출하는 것보다 자료를 축소하는 것이 더 어려운 일이라고 생각한다. 만일 조사 분석자가 응답 자료에 어떤 하자(분석 시스템이 충분히 활용되지 않은 경우)가 있다고 결정할 경우는 추가 조사를 할 필요가 있다.

마지막으로 문맥, 문법, 구두점, 철자, 그리고 언어의 명확성 등을 점검하고 다듬어야 한다. 조사 분석 책임자는 최종 보고서가 조직 개선에 기여할 수 있도록 준비되었다고 판단할 때, 보고서에 서명한 다음 조사 의뢰자인 의사결정자에게 전달한다.

이것은 조사 책임자인 분석자만이 할 수 있는 주관적 결정 사항이다. 그는 시종 시간적 압박감을 느낄 것이며, 여러 영향을 미치는 많은 변수를 가지고 일하게 된다. "과일을 딸 준비가 다 되어 있는가?" 이것이 마지막 판단 기준이다.

아이디어 무한창출법의 철학

앞의 4단계 응답 자료의 조직화와 분류 경로를 거쳐 조사 업무가 완성되는 접근 방식은 아이디어 무한창출법만이 가진 특징이다. 이 과정은 넓은 범위에 걸쳐 있는 방대한 양의 아이디어, 판단력, 통찰력 그리고 건의안을 모으고, 조직화하며 성공적으로 처리하는 하나의 완벽한 시스템이다.

조사 대상인 문제들은 흔히 가망이 없을 정도로 상호 얽히고 설켜 있는 요인들과 여러 가지 영향력으로 엉켜 있는 덩어리로 보일지도 모른다. 아이디어 무한창출법 설문에 대한, 엄청난 양의 응답들과 씨름하며 헤쳐나간다는 것은 많은 시간과 특별한 노력이 필요한 매우 어려운 일이다. 하지만 이것은 아이디어 무한창출법이 허용하는 가장 큰 보람이라고 생각한다.

아무도 답을 가진 사람이 없을 때, 기초 자료를 제공하는 응답자로 핵심 집단에 참가하는 많은 사람들의 결합된 전문 지식이 해결책을 알려줄 것이다. 이렇게 해결책을 찾아내는 것은 그 조직에서의 경험과 자료를 걸러내고 정제하는 경험을 바탕으로 한 하나의 예술이다. 이처럼 여러 선택할 수 있는 대안들과 그에 따른 여러 결과를 터득하기 위해서 많은 경험을 쌓는 것이 필요하다.

이러한 일을 수행하면서 우리가 기억해야 할 것은 어떤 문제의 개선책을 찾는 것과 자연과학이 진리, 즉 옳은 것을 찾는 기준 사이에는 차이가 있다는 것이다. 경영에 있어 우리는 윤리적인 측면에서 확실히 옳은 것을 행하기를 원한다. 그리고 우리의 제안들이 타당하고 유효하며 개선을 가져올 것이라는 확신을 가져야 한다.

연구 조사 결과가 의사결정자에게 제출될 준비가 되어 있는지를 결정하는 것은 연구 조사를 맡은 사람이 내려야 할 질적인 판단에 달려 있다.

이 장에서 본 바와 같이 의사결정자를 위한 최종 연구 결과 보고서는 연구자의 노력에 대한 대가가 될 것이다. 지금까지 80여

년간에 걸친 이 기법의 타당성과 유효성을 검증해볼 때, 아이디어 무한창출법을 적용한 연구 조사로 얻은 이익이 조사를 위해 들인 비용을 훨씬 뛰어넘는다.

빙하시대의 여파를 간직한 조그마한 동네부터, 많은 상세한 내용들이 담긴 돌판, 나무판, 두루마리들(고고학이 채우지 못한 백지에 달필로 채워진 인공유물들)을 우리에게 남겨준 지방자치 도시들로, 시간은 5,000년이라는 기간을 훌쩍 뛰어넘어왔다. 여기에서 우리는 당시 솟아오른 모든 면에서의 지적 열정에 초점을 맞추는 새로운 요소들을 볼 수 있다.

표준적 역사 사실에 의해서 그려진 지도 표면 저 아래 뒤안길에 이러한 힘들은 신경생물학의 전기선을 두드렸다. 그리고 직감적 본능이 조화롭게 합창할 수 있는 새로운 영역을 만들어냈으며, 과거에 침묵하던 감정에 관심을 불러일으킴으로써 그 결과로 사회를 바꾸어놓았다. 탈바꿈을 야기하는 촉매제는 3가지이리라: 집단적 경계를 벗어나려는 자유, 아이디어, 문화의 하위 요소들이 작동하기 위해 배우려 하는 기술들.

_ 하워드 블룸, 《글로벌 브레인: 빅뱅에서 21세기로의 대중 정신의 진화Global Brain: The
   Evolution of Mass Mind from the Big Bang to the 21st Century》(2000)

Ideas
Unlimited

8

어떤 결과물을
얻는가

현실 업무에 종사하는 사람들은 실무를
하느라 너무 바빠, 자신이 하는 일에 관해
기록할 수가 없다. 학자들은 종종 개념의
실무적 유용성보다는 개념적 정교성에
더 관심을 가지고 있다. 아이디어 무한창
출법의 제품들은, 전에는 이용되지 않았
던 아이디어를 활용하여 현실의 세계를
개선하는 데 기여하고 있다.

밥 크론, 남가주대학교 강의 중(1989)

제3장에서 이미 아이디어 무한창출법의 제품과 주제별 적용 예를 요약하여 설명한 바 있다. 이 방법을 적용하기 위한 설계, 그리고 설문을 통해 응답 자료를 수집하여 정보를 포착할 때까지는 생산적인 결과가 구체적으로 나오지 않는다.

따라서 이 조사 결과의 가치가 무엇인지는 의사결정자들의 판단과 행동에 영향을 미치는 조사 결과, 즉 제품을 창출하는 과정에서 나타나게 된다. 이 장에서는 독자들에게 일련의 대안적인 제품들을 소개하고자 한다.

연구 조사 임무를 의뢰받은 사람은 제일 먼저, 이 연구 조사 프로젝트가 완성될 때 제출할 주요 제품(보고서 등)이 무엇인지를 결정하려고 할 것이다. 이어서 조사 대상이 될 새로운 문제와 이 문제에 관련되는 응답 자료를 수집할 핵심 집단을 확보한다.

이 핵심 집단에 참여하는 사람들로부터 응답을 얻기 위한 설문 설계를 마지막으로, 연구 조사 결과인 제품을 받게 될 대표적 의사결정자들이 원하는 제품의 형태와 내용을 알게 된다. 그러므로 아이디어 무한창출법 작업으로부터 발견한 사항들을 보고하는 구체적인 보고 양식을 처음부터 알 수 있는 것이다.

지금까지 이 책에서 충분히 다루지 못한 중요한 사항이 있다. 그것은 과거 아이디어 무한창출법을 사용하여 얻은 응답 자료를 바탕으로 얻어낸 결과물, 즉 제품들은 이미 이 기법을 적용했을 당시의 특정한 목적을 위해서뿐 아니라 미래의 유사한 환경에서도 적용할 수 있다는 사실이다.

이 책의 "참고문헌"에 실린 과거의 연구 조사 제목을 보면 확실히 알 수 있다. 과거에 연구 조사를 의뢰한 고객사들에게 제시한 개선 방안들은 현재나 미래에서도 그와 유사한 환경에 있는 조직들의 문제 해결에도 활용할 수 있는 유용성이 크다고 할 수 있다.

경영적, 사회적, 정치적, 경제적, 행동과학적인 분야에서 볼 수 있는 많은 문제는 시간의 흐름에 따라서 나타나는 역동적인 변화에도 불구하고 항상 반복해서 나타난다. 미국품질관리협회ASQC 웹사이트에 가면 1998년부터 내가 집필한 27편의 '품질관리의 본질'에 관한 27편의 논평들을 볼 수 있다.

이들 각각의 논문들은 50년 이상에 걸쳐 품질 과학의 개념, 모형, 도구, 공식 또는 연산법 등에 대한 것이지만 그 내용이 대부분 현재는 물론 미래에서도 유용하다는 것이 입증되고 있다.

여기서 얻는 교훈은 조사 결과로 얻은 데이터베이스가 영구적으로 유지되어야 한다는 것이다. 그 이유는 이 자료가 그와 같은 전형적인 특성을 지닌 미래의 문제들을 해결하는 데 도움이 될 수 있기 때문이다.

아이디어 무한창출법 조사 프로젝트를 위한 일련의 제품들은 다음과 같다.

1. 책

독자들은 지난 세대에 관하여 저술하고 싶은 어떤 책을 쓰기 위해 컴퓨터를 켜놓고 빈 화면을 바라보며 자신이 쓸 책의 내용을 구상하려 들지 말아야 한다. 쓰고자 하는 책의 주제에 관하여 전문 지식이 있는 사람들로 핵심 집단을 만들고 그 핵심 집단에 나눠줄 설문을 작성해주고 그들로부터 아이디어를 얻도록 해보라.

쓰고 싶은 주제를 그 전문가들로부터 얻는다면 당신이 혼자 준비해온 아이디어보다 훨씬 다양한 수십 개 또는 수백 개의 아이디어를 얻게 될 것이다.

책을 집필하는 것은 중요한 연구 조사 과정이며 지능을 요구하는 프로젝트이다. 지금 독자들이 읽고 있는 이 책은 아이디어 무한창출법과 함께한 25년간의 경험의 산물이다. 그리고 나는 2018년에 단독으로 집필하거나 공동 집필한 책이 모두 14권에 이른다.

이 책 이전에 출판한 책《지구를 넘어서: 우주 시대에서의 인간의 미래Beyond Earth: The Future of Humans in Space》는 42명의 우주 전문가들이 공동 저자로 참가했다. 세계의 중요한 우주 포럼 중 하나인 에어로 스페이스 테크놀로지 워킹 그룹ATWG이 그 책을 출판하는 프로젝트를 후원했다.

2004년 10월부터 2006년 4월까지 ATWG 모임에서 아이디어 무한창출법에 의한 설문들을 사용하여 우주 전문가들의 아이디어들을 수집했다. 그리고 그들로부터 수집한 응답 자료를 이용하여 기본적인 전략을 도출해내고 프로젝트 끝에 가서 그 책의 편집과 출판을 위한 지원을 받았다.

이 책의 "참고문헌"에서, 아이디어 무한창출법에 관한 책이나 이 방법으로 조사, 연구되어 쓰인 책들의 긴 목록을 검토해보기 바란다.

2. 책의 장들

모든 분야에 있어서 전문가들은 다른 사람에 의하여 집필이 진행되고 있는 책의 장들chapters을 써달라는 요청을 받게 된다. 1981년 이후 저자가 쓴 책의 각 장들은 아이디어 무한창출법에 의해서 창출된 아이디어들로부터 도움을 받았다.

비록 저자가 자신의 개인적 경험으로 책의 장을 쓸 능력을 갖추고 있다고 생각하더라도, 합리적인 저자라면 발견된 사실, 결론 및 제안들에 관하여 권위 있는 동료들의 지원과 개선 의견이 필요하다고 판단할 것이다.

그리고 아이디어 무한창출법이 저자의 기초적인 조사 도구이긴 하지만, 제2의 조사 자료로 이용될 수 있다. 다른 사람들이 수집한 기존의 자료를 인용하거나, 도서관이나 인터넷을 통해 이용 가능한 자료를 참고하여 문서화하는 경우에 활용된다.

아이디어 무한창출법 설문들은 조사 중인 문제에 대한 분석자의 분석 결과를 제2의 조사 자료로 적용할 수가 있다. 한 가지 주의할 점은 저자가 다른 사람들로부터 얻어낸 추가적인 아이디어의 출처를 학술적으로 인용했음을 밝혀야 한다.

3. 학술지 또는 회보의 기사들

지어낸 것이 아닌 사실을 추구하는 모든 저자들이 도전하는 목표는 지식을 증진시킬 수 있는 무언가 새로운 것을 창출해내는 것이다. 정보를 얻는 원천에는 4가지가 있다.

도서관, 인터넷, 분석가의 관찰, 해당 분야에서 일하고 있는 사람들의 전문 지식이 그것이다. 앞의 2개의 원천은 다른 사람들이 만들어낸 것으로 부수적인 연구 자료를 의미하며, 뒤의 두 원천은 저자에 의해 이루어지는 본 연구 조사를 의미한다.

변화의 가속화는 계속될 것으로 예상되며 분석가들의 관찰과 그 업무에 종사하는 사람들의 전문 지식이 점점 더 소중해지고 있다. 이렇게 얻은 최종 결과가 이미 존재하는 기존의 지식에 부가되리라 확신한다.

아이디어들을 순식간에 포착하는 아이디어 무한창출법의 능력은 저자가 속한 조직의 회보나 전문 학술지를 위한 가장 인기 있는 조사 방법이 될 것이다.

4. 컨설팅 보고서

아이디어 무한창출법은 상담을 위한 기초 도구이다. 조사를 의뢰한 고객에게 제공되는 보고서(제품)는 이 방법을 사용해 얻은 발견 사항들을 요약해 만들어진다.

'How to?' 즉 '어떻게'를 묻는 설문(제4장 참조)을 이용함으로써, 성과에 초점을 맞춘 데이터베이스를 만들어낸다. 그리고 이 방법을 사용하면 고객들에게 문제 해결을 위한 일련의 대안들과 그 대안별 효과 분석 내용을 함께 제공할 수 있다. 조사를 의뢰한 고객들에게 각 문제 해결을 위한 대안별로 조사자의 판단을 제시하는 것은 의무사항이다.

연구 책임자는 조사를 시작할 때에는 조사 대상이 되는 주제에 관한 전문가가 아니었을지도 모른다. 하지만 많은 사람들의 아이디어를 수집하고 분석함으로써, 연구자는 스스로 그 분야의 전문적인 지식을 통합하는 전문가 위치에 도달할 것이다.

5. 세미나 그리고 워크숍 보고서

연구 조사자가 자기 업무로부터 최소한의 시간을 할애하여 세미나 또는 워크숍을 활용함으로써 언제나 효과를 극대화하는 것은 하나의 필수 조건이다. 기술의 진보는 이러한 욕구를 현실화하는 데 기여해왔다.

아이디어 무한창출법이 세미나 또는 워크숍 참석자들로부터, 문제점, 의견, 제안들을 서술한 형태로 동시에, 익명으로, 그리고 신속하게 수집하는 속도는 시간 이용의 효율을 극대화하는 데 기여하게 된다.

아이디어 무한창출방법의 제품은 다양하다. 그중 하나인 '즉각적인 보고'의 종류는 세미나 직후 이메일로 전송되는 요약 보고서부터 완전하게 기록으로 작성된 보고서에 이르기까지 그 형태가 다양하다.

즉각적인 보고는 아이디어 무한창출법 워크숍 진행자에 의하여, 워크숍의 시작과 함께 설문에 대한 응답을 수집한 직후에 하게 된다. 그다음, 응답들 일부를 가지고 워크숍 구성원들과 공유

함으로써 추가적인 논의와 모임 후반에 있을 브레인스토밍을 자극하기 위한 즉각적인 피드백이 이루어진다.

이것은 분할된 소규모 집단들을 통하거나 모든 참가자들이 참여하는 전체 모임에서 얻은 내용을 토대로 보고할 수 있다.

6. 사례연구와 업무 보고서

사례연구와 업무 보고서를 위한 제품은 해당 도구(제5장 "특수한 경우에 필요한 도구들" 참조)에 의해서 제공되는 양식을 필요로 한다. 사례연구는 한 페이지를 넘기는 경우가 매우 드물고, 발생된 사항을 확인해내는 간추려진 단계별 내용을 제시하고 있으며, 여기서 터득한 교훈을 결론으로 끝을 맺는다.

업무 보고서 체재를 이용해서, 조사자로부터 의사결정자에게 전달되는 최종 보고서들은 각각 다음 사항이 포함된 제안들이다.

〈정리 8.1〉 **최종 보고서에 포함되는 사항**

01 제안 이유
02 실행의 장애물
03 요구되는 실행 단계
04 요구되는 자원(선택 사항, 이 단계는 종종 상세한 추후 연구를 수반한다)
05 제안에 따르지 않을 경우 발생하는 영향

9

앞으로의
아이디어
무한창출법

21세기의 변화

공적 또는 사적인 국제적 조직을 경영하고 의사결정에 종사해온 지난 50년간의 경험을 통해 우리가 확신하게 된 것은, 미래를 위한 어떠한 계획을 수립할 경우라도, 다음과 같은 보편적인 변수를 반드시 고려해야 한다는 것이다.

〈정리 9.1〉 **계획을 수립할 때 고려해야 할 3가지 변수**

01 문제점 확인

02 문제점들에 관한 아이디어와 제안

03 이러한 아이디어와 제안들을 고려하고 실행할 수 있는 의사결정 시스템

조직을 살리는 아이디어 무한창출법

이들 3가지 변수를 고려해야 하는 원칙은 믿을 수 없을 정도로 논리적이다. 하지만 이러한 원칙을 효과적으로 달성하는 것은 현실적으로 불확실하다.

이는 우리가 살고 있는 시대가 다음과 같은 4가지 현상을 특징으로 가지고 있다는 데 그 원인이 있다고 본다.

〈정리 9.2〉 **현시대의 4가지 특징적 현상**

---

01 진기성novelty

02 불확실성uncertainty

03 복잡성complexity

04 역경adversity

이러한 현상들은 상호작용을 통해 개인, 집단, 기업, 정부, 국제 기관 들이 수립한 계획을 사회적으로 가장 도전적인 과제로 만들어놓는다. 그렇기 때문에 획기적이고 파괴적인 전혀 새로운 사고가 종종 필요하다.

문제 해결의 실패로 야기되는 충격은 세계적인 불확실성이 증가함에 따라서 점차 확대되고 있다. 과학과 기술은 사람들이 더 오래, 더 나은 생을 즐기도록 경이로운 진전을 이루어놓았다. 동시에 과학과 기술은 한 인류가 자멸할 가능성을 증가시켰다.

21세기에는 건설과 파괴 중 어느 것이 우세할 것인가에 대하여 그 해답이 밝혀질 것이다. 나는 1980년에 출간된 책《시스템 분석과 정책과학System Analysis and Policy Sciences》에서 미래의 '리얼리티 21Reality 21'을 아래와 같이 가정하고 있다.

리얼리티 21 패러다임하에서는 분석 능력이 우리가 현실을 모형화하여 검증하는 접근 방법을 이론화하고 개념화할 필요가 없을 수준까지 발전되어 있을지 모른다. 실증적인 자료를 수집, 재생산, 축소, 조작하는 우리의 능력은 우리에게 문제와 관련된 모든 변수의 실체를 실시간으로 파악할 수 있게 할지 모른다.

정책 입안자 또는 과학자가 물리적, 사회적, 문화적, 경제적, 기술적, 건강, 생물학적, 수송, 통신, 기상학적, 에너지 또는 농업생활 중 이 세상 어디에 관심을 가지든 간에 언제나 분석할 수 있게 될 것이다. 재생산 수단은 레이저를 쏘아 만들어지는 3차원 홀로그램 이미지가 될지 모른다. 이 홀로그램 이미지는 어떤 차원에서도 감도 분석이 가능하며 필요한 자료들을 덧붙일 수 있다.

또한 일련의 규범적인 통계적 신뢰성이 있는 세계 국가들의 상황을 일목요연하게 알려주는 즉각적인 결과가 미래를 위해 나타날 것이다. 각각은 물질적 자원과 지적 자원에 배정되는 독립적인 변수들의 할당으로부터 나타나는 상호 의존적 변수가 될 것이다.

1980년 이래, 지난 39년간에 걸쳐서, 리얼리티 21을 향한 진전이 이루어져왔다. 인공지능은 이러한 발전을 가속화할 것으로 예측된다. 그러나 리얼리티 21은 아직 현실로 도래하지 않았다. 이것이 현실화되어야 할지를 묻는 것은 합당한 이유가 있다. 하지만 우리가 세계 시민들의 모든 아이디어를 포착할 능력을 현실적으로 가지고 있다면 어떻게 되겠는가?

그리고 만일 우리가 미래의 정부를 선택할 우선권을 갖게 되며, 그러한 정부를 실현하는 데 기여한다는 약속을 할 수 있는 조직적인 주체를 가지게 된다면 어떻게 하겠는가? 아이디어 무한창출법은 과학과 기술이 더욱더 발전한다면, 이와 같은 것들을 해낼 수 있는 도구가 될 것이다.

다양하고 많은 아이디어를 창출하는 능력이 지니는 중요성은 국제사회에서 더욱더 확고하게 뿌리를 내리고 있다. 2018년 리얼리티 21의 분석을 위한 시나리오의 가능성은 그 실체를 드러내기 시작하고 있다.

우주 공간에서 있을 인간의 영원한 미래는 다음 인류의 신기원이 된다.[14] 세계우주센터는 전자식 상호작용과 인터넷 시설을 갖춘 레이저 광선에 의하여 입체영상이 나오는, 가상의 현실 극장 환경을 설계하고 있다. 이 환경은 기존 카페 안에 위치한 모의 훈련용 우주 정거장이 될 것이다.

카페 고객들은 여러 대의 모니터로 오디오를 선택할 수 있다. 여기에서는 수동적인 오락, 능동적인 학습 또는 정보 자료원과 상호작용을 통한 조사 연구 등 무엇이든 선택할 수 있을 것이며 세계우주센터가 발행하는 전문지 〈오버뷰Overview〉는 이와 같은 소식들을 계속 전할 것이다.

대학, 두뇌 집단, 국가 의사결정 집단 들에게 의사 표현의 다른 기회를 제공하는 표본으로서, 그러한 카페에 필연적으로 요구되는 능력은 전 세계에 산재하는 지적 능력을 포착하는 수단이 될 것이다. 이러한 필요성이 현재까지는 단지 부분적으로 충족되어 왔을 뿐이다.

조사 도구로서의 온라인 아이디어 무한창출법을 기술적으로 다양하게 통합함으로써, 머지않아 '스마트 아이디어 무한창출법'을 사회적으로 활용할 수 있는 최첨단 기술로 발전할 것이다.

정치적, 행정적 적용

세계를 움직이는 의사결정자들은 시민 선거나 무력으로 그들의 직위를 차지한 사람들이다. 그들의 권력의 원천이 무엇이든 간에 그들은 사람들을 지배하거나 권력의 자리에 계속 안주하기 위해서 시민들의 견해가 필요하다. 그동안에는 정치가가 시민들의 견해를 포착하기 위해서 제한적으로 아이디어 무한창출법을 이용하는 경우가 있었다.

예루살렘 히브리대학교 정치과학 명예교수이자 행정학 울프슨 석좌교수인 예헤즈켈 드로어 박사는 정부 관리에 관한 세계적인 학자이다. 그는 1950년대부터 그의 지성과 열정, 그리고 저술로 정책과학을 설계하고 발전시킴으로써 이 분야에서 세계적으로 인정받는 선구자가 되었다.

고전이 된 그의 책《정부 관리 능력Capacity to Govern》에서 세계가 필요로 하는 요건들을 다음과 같이 요약하고 있다.[15]

산업계, 시민사회 그리고 비정부조직들은 그것이 아무리 중요하다고 하더라도, 민주적으로 그 권리가 주어지는데도, 미래를 설계하는 데 있어서 정부의 무능력을 보완할 수는 없다. 많은 정부에서 근본적인 개선책이 긴급하게 요구되고 있지만 탁월한 제안은 거의 없는 실정이다.

나는 1967년 이래, 개인적으로 직접 드로어 교수로부터 배움의 기회를 얻었고 이 분야의 전문가 동료로 지내왔다. 내가 설립한 케플러우주연구원은 드로어 교수를 〈우주철학 저널〉 2018년 하계 특별호의 종신 학자로 추대한 바 있다.

이 특별호의 주제는 '인류의 장래를 개선하기 위하여Improving Humanity's Prospect'이며 그 의미는 '인간의 번영을 위한 시대를 초월한 학술적 비전A Timeless Scholarly Vision for the Benefits of Humankind'으로 요약할 수 있다.

이를 위해 드로어 교수는 인간의 발전 단계에 대한 개념을 제시하고 있다. 그리고 우리는 다가오는 우주 시대가 어떻게 인류의 도약을 위해 가장 주요한 촉매 역할을 담당할 수 있는지를 제시하게 된다. 2018년 현재 인류의 도약은 아직 지구상에서 교착 상태에 빠져 있다. 그 이유는 인간의 번영을 위하여 인간들이 서로 협력하는 대신 서로 파괴하는 등 인류 자체가 저지르는 역사적인 장애 때문이라고 생각한다.

독자 여러분들은 웹사이트(www.keplerspaceinstitute.com)를 방문하여 〈우주철학 저널〉에 실린 그의 논문들을 무료로 참고하기 바란다.

드로어 교수가 처방한 탁월한 개선책을 실천하려면 아이디어 무한창출법이 도움이 될 수는 있어도 그보다 훨씬 더 큰 역량이 요구될 것이다. 그러나 어느 경우에도 아이디어는 성공을 위해 필요한 기본 요소가 될 것이다.

전략적인 계획을 수립하는 경영컨설팅을 의뢰받았을 때 가장 먼저 하는 일은, 가치 분석을 위해서 설문을 설계하고 이를 이용하여 조직 구성원들과 함께 아이디어 무한창출법 워크숍을 진행하는 것이다. 여기서 가치라는 것은 기본 원칙 또는 그 조직에서 우선시되는 사항들이다.

정치적 업무 담당자, 기업 운영진, 또는 선거 캠페인 담당자 등, 조직 구성원들이 추구하는 가치는 경영 지도부에게 중요한 정보를 제공한다. 리더십은 어느 조직을 막론하고 가장 중요한 요소이며 도덕적 리더십은 가장 중요한 핵심이다.

특별히 필요한 것은 그들의 가치 체계 안에 체화된 윤리적이고 도덕적인 행동을 실천하는 리더십이다. 사람들은 지도자들로부터 윤리적이고 도덕적으로 대접받지 못할 때 불행한 일이 벌어진다는 사실을 잘 알고 있다. 사람들은 범죄와 비윤리적인 행위가 성행할 때 안정적이고 생산적인 생활이 훼손되고 환경이 파괴된다는 사실을 인식하게 된다.

따라서 사람들은 자신들과 다른 사람들을 위하여 삶의 질을 개선할 수 있는 건설적인 방향으로 생을 영위하는 환경을 선택하게 된다. 이러한 시각에서 눈앞의 이익을 얻으려고 일부러 추구하는 비도덕적이고 비윤리적인 행동은 반드시 밝혀내서 패망의 씨앗이 되지 않게 막아야 할 것이다.

우리는 윤리적인 리더십의 목적이 비도덕적이고 반윤리적인 리더십에 의해 불가피하게 야기되는 엄청난 비극적인 비용과 낭비를 사전에 막기 위한 것임을 알고 있다. 말하자면 윤리적인 리더십이 인류의 삶의 질을 높일 수 있는 길이라는 것도 믿고 있다.

그러므로 기존의 리더십을 우리가 원하는 기준에 비교하여 평가하기 위해서, 가치 분석의 활용을 제안하고자 한다.[16] 이 경우에는 가치 분석이 지닌 복잡한 문제의 핵심을 파고들 수 있는 아이디어 무한창출법의 집단 조사 방법을 사용하는 것이 효과적이다.

끝으로 어디에서나 제기되는 '옳고 그름의 문제'를 다시 한번 생각해보고자 한다. 아이디어 무한창출법은 우리가 사는 세상에서 사람들이 가진 희망과 욕구를 포착하는 능력을 가지고 있다. 2018년 당시 우리의 세상을 되돌아볼 때, 과학과 기술의 진보가 인류를 위하여 과거는 물론 미래에도 경이로운 일들을 만들어낼 대단한 잠재력을 제공하고 있다는 것은 분명하다.

그러나 다른 한편, 우리 인간이 개선과 장기적인 생존을 위해 지적 능력을 올바로 사용하지 못할 가능성 또한 부인할 수 없는 것도 사실이다.[17] 아포칼립스의 네 기사騎士인 정복, 전쟁, 기근, 죽음(〈요한 계시록〉 6장)은 우리가 살고 있는 행성 주위를 돌며 계속 말을 몰고 있다.

생물학적 대량 학살 또는 핵전쟁으로 인한 전 지구의 냉전 현상을 야기하는 인간의 행동은 UN과 세계 지도자들이 주목하고 있는 증거로 보아 그 가능성이 확실히 0보다 높다. 불행히도 강력한 도구들이 건설, 또는 파괴를 위해(선, 또는 악을 위해서) 사용될 수 있었고 사용되어왔다.

선善을 만들어내는 기독교적 사상은 〈요한 계시록〉 21장 4절에서 찾아볼 수 있다. "그들의 눈에서 모든 눈물을 씻어주실 것이다. 이제는 죽음이 없고 슬픔도 울부짖음도 고통도 없을 것이다. 이전 것들이 다 사라져버렸기 때문이다." 세계적으로 저명한 경영학자 피터 드러커 교수는 이를 더 간결하게 표현하고 있다. "해로운 짓을 행하지 마라."

그러한 것들이 사라져 없어지는 미래 세계를 마음속에 새기는 획기적인 사고가 필요하다. 새 아이디어의 창출 없이, 또는 기존의 사고를 해체해버리지 않고는 선한 것이 아무것도 이루어질 수 없다는 사실을 재강조하는 것이다. 비록 이러한 아이디어들이 현실화되기 위해서는 파급력이 강한 혁신과 패러다임 변화가 요구되지만, 새로운 아이디어의 창출은 반드시 선행되어야 한다.

인류의 발전을 위해 세계적으로 인간의 지적 능력을 창출한다는 비전을 가지고 이 책의 개정판을 출판하게 되었다. 역사를 돌아볼 때, 인간의 능력, 적응력, 창의력은 발전의 기본 동력 역할을 해왔다. 그 기본이 되는 원천은 미래에도 항상 아이디어가 될 것이다.

아이디어 무한창출법에 의한 우주 연구의 장래

이 책의 마지막인 제9장의 제목은 "앞으로의 아이디어 무한창출법"이다. 새로운 아이디어를 창출하거나, 과거의 지혜 혹은 아이디어를 새롭게 활용하지 않고는 아무것도 좋아질 수가 없다는 사실을 생각할 때, 획기적인 새로운 사고력이 절대적으로 필요하다는 것을 강조하기 위한 것이다. 설사 이러한 아이디어들이 현실적으로 극단적인 변화와 패러다임의 변화를 요구하는 한이 있더라도 말이다.

이 점을 강조하기 위해 드로어 교수가 평생의 연구를 통해 밝힌 정책과학의 본질이 바로 "인류의 앞날을 개선하는 노력", 또는 "인류의 행복을 위한 끝없는 학문적 비전"임을 인용하고 있다. 이것은 "해가 되지 않는 범위 안에서" 인간성의 개선이나 생존보다 더 중요한 비전이나 목표는 어디에도 존재하지 않는다는 것을 뜻한다.

20세기에 시작된 가장 역동적인 인간의 과학과 기술 발전에 관한 업적의 하나는 우주에 대한 인간의 탐색과 개발이며, 이 업적은 지구와 접해 있는 달과 행성의 하나인 화성을 대상으로 시작된 것이었다. 우리는 이 우주 시대의 시작이 인간을 위한 역사적 비전을 실현하는 열쇠를 쥐고 있지만 아직 본격적으로 성취된 것은 거의 없는 상태라고 생각한다.

우리는 이러한 인류의 미래 비전을 빠르게 성취하는 데 기여할 수 있도록 교육에 헌신하고 있다. 아이디어 무한창출법은 1980년대 이래 우주 개발에 필요한 하나의 정성적인 질적 연구 방법으로 활용되고 있다. 나는 1980년 아이디어, 과학, 기술의 분석을 위한 리얼리티 21 패러다임을 최초로 출간하였으며, 이 책의 마지막 장에서 그 내용을 다시 설명한 바 있다.

이 패러다임은 인공지능의 개발로 발전의 계기를 얻었다. 이 분야의 전문가인 조엘 이삭슨Joel Isaacson 박사에 의하여 '변증법적 격자형 자동자DCA; Dialectical Cellular Automata' 개념이 밝혀졌으며 이삭슨 박사와 루 카우프만Lou Kauffman 박사가 공동 저자로

〈우주철학 저널〉에 발표한 논문에서 지구상의 인간지능, 인공지능, 외계 지식 간의 상호작용에 관한 이론이 더욱 발전하는 기반을 제공했다. 그러나 우주 시대를 위하여 인간의 비도덕적이고 비윤리적인 병적 행위들로 발생하는 파괴적인 결과를 미리 예방하고 고쳐나가기 위해서는 해야 할 일이 산적해 있다.

그럼에도 불구하고 인간은 인간 자체로부터 오는 위협과 점차 증가하고 있는 자연에 의한 위협으로부터 우리 인간을 지킬 수 있다는 희망을 가질 수 있다. 레오나르도 다빈치가 말한 바와 같이 "배움은 인간의 마음이 지치지 않고, 두려워하지 않으며, 후회하지 않게 하는 유일한 수단이다. 배움은 결코 우리의 삶을 파괴하지 않는 유일한 성공의 수단이 될 것이다." 그리고 아이디어는 모든 사람의 배움을 위해 필수적인 촉매가 될 것이다.

아이디어 무한창출법에 관한 질문과 답변

1. 이 기법의 궁극적인 목적은 무엇인가?

무언가를 개선하기 위한 것이다.

2. 왜 당신은 아이디어 무한창출법에 관하여 들어보지 못했는가?

이 방법이 92년의 역사를 가지고 있지만, 이에 대한 출판물은 대부분 교육용 교재와 경영 상담 보고서 형태로 출간되어왔기 때문이다.

3. 왜곡된 조사 결과로부터 당신의 편견을 어떻게 막을 것인가?

수집되는 모든 응답들은 선택을 위한 투표가 아니라, 평가해야 할 기초적인 아이디어 자료로 취급하라. 당신은 이 방법의 진행자로서 최종적인 책임을 지게 된다.

4. 리더 또는 관리자에게 이 방법은 어떻게 도움을 줄 수 있는가?

당신이 지도하고 관리하는 사안들에 대하여 매우 많은 접근 기회를 당신에게 제공함으로써 대량의 다양한 최근 정보는 물론, 각종 프로그램, 계획, 정책 그리고 전략을 위한 엄청나게 많은 전문 지식을 당신에게 제공할 것이다.

5. 최초 자료가 최선의 제안을 내지 못할 경우 어떻게 해야 하나?

당신이 '전체 시스템'에 대한 설문을 처음에 하는 경우에 이러한 일이 발생할 수 있다. 이때에는 하위 문제점들과 더 상세한 제안들을 만들어내고 '놓친 것'에 초점을 맞추어 설문하는 동시에 당신 자신의 지식이나 일반적인 자료를 이용하여야 한다.

6. 관련성이 없는 응답들을 버리는가?

절대 버려서는 안 된다. 특히, 분석 초기에는 절대 버리면 안 된다. 당신은 특정 문제점을 해결하기 위해서 설문을 이용하게 된다. 이 방법의 역사는 아이디어 무한창출법 데이터베이스가 미래의 여러 다른 목적들에 유용할 수 있다는 것을 보여주고 있다.

조직을 살리는 아이디어 무한창출법

이에 더하여, 조사 분석자 입장에서는 보고서를 확정하기 전에 분류되지 않은 응답 자료들을 재검토하는 것이 일반적인데, 이때 분석 초기에는 쓸모없는 것처럼 보이던 응답들이 갑자기 적합성을 띠는 경우가 있다.

7. 법적 조치, 보복에 대한 응답자들의 두려움, 또는 미래 응답자 집단 구성원들의 참여 거절 등을 어떻게 피할 것인가?

당신이 잠재적인 응답자 핵심 집단 구성원들과 의견을 나눌 때, 그들이 익명의 기여자를 원하는지, 아니면 실명으로 인정받기를 원하는지를 물을 것이다. 만일 그들이 익명의 응답자로 남기를 선택한다면 당신은 그들의 익명성이 침해될 수 없다는 것을 보증해야 한다.

그들이 실명으로, 예를 들어 출판에 기여한 데 대한 감사를 표현하는 경우처럼 인정받기를 원한다면 당신은 이 요구에 따라야 한다. 그들이 일반적인 인정을 원하는지, 아니면 자신이 기여한 구체적인 내용에 대한 인정을 원하는지를 미리 결정하여야 한다.

이러한 것들은 매우 중요한 조치이다. 보복에 대한 두려움은, 회사나 정부 기관에 속한 응답자가 정책 또는 그가 속한 기관의 지도부의 견해에 반하는 것으로 알려진 아이디어를 제출하기를 원할 때 나타난다.

이러한 두려움은 합당한 이유가 있으며, 직원들이 '상관이 원하는 것이라고 본인들이 알고 있는 것만을' 말하고 제안하는 조직 문화에 있어서, 많은 조사의 자료들이 이러한 일반적인 현상에 의하여 왜곡된다.

이에 대한 학술적 용어로 '정치적 가능성 게임을 하는 것'이라는 표현이 있다. 이러한 현상이 발생되는 경우에는 조직을 위한 혁신은 질식사하고 만다. 대부분의 아이디어 무한창출법 도구들은 연구 조사 결과를 불구자로 만들 수 있는 왜곡된 데이터베이스를 피하고자 익명성을 도입하고 있다.

8. 응답자들과 이 조사의 결과를 공유하기 위한 규칙이 있는가?

이 조사 방법의 설계 단계에서 고려하며, 광범위한 결과의 피드백을 약속하는 것에 대해서는 주의를 해야 한다는 것이 유일한 규칙이다. 이것은 연구 조사를 의뢰하는 고객과 연구 조사 책임자 사이에 이루어지는 결정에 따르며, 경우에 따라서는 연구 프로젝트의 주제에 달려 있다.

누군가에 의해 예민하게 생각될 응답들은 어디서나 항상 존재한다. 응답자 조사 결과의 피드백에 대한 우리의 결정 범위는 연구 조사를 의뢰한 고객의 완전한 소유권을 보장하는 데서부터 관심 있는 사람 모두에게 완전히 공개하는 경우에 이르기까지 여러 가지로 생각할 수 있다.

9. 조사 결과가 유효하다는 것을 어떻게 알 수 있는가?

우리는 조사 결과가 유효하다고 확신할 수는 없다. 그러나 당신은 조사 결과를 투표 결과로 생각해서는 안 된다. 아이디어 무한 창출법은 올바로 적용될 경우, 현존하는 질적 자료 수집 방법 중 최선의 기법이다. 개선책을 위한 아이디어를 창출하는 데 이 기법이 실패한 적이 없다.

이 기법의 목적은 업무 개선과 그 처방을 제시하는 것이지 무엇이 존재하는지를 설명하는 것이 결코 아니다. 업무 개선책은 이전과 이후의 조직 업무를 상호 비교하여 측정할 수 있다. 조직의 성과 측정은 전적으로 이 책의 범위 밖에 있는 연구 분야이다.

10. 아이디어 무한창출법이 이용되어서는 안 되는 경우가 있는가?

우리는 이에 대하여 전혀 한 건도 경험해보지 못했다. 하지만 연구 조사 의뢰인인 고객의 지도부가 그들의 직원들이 응답자로 참여하는 것에 반대하는 경우라면 이 방법의 사용은 직원들에게 충족되지 않을 기대만 불러일으킬 것이다. 이러한 경우에는 이 기법을 사용하지 않는 것이 좋다.

11. 이 방법에서 가장 도움이 되는 부분은 무엇인가?

이 기법의 목적은 업무 성과 개선이다.

12. 아이디어를 창출하는 다른 방법에 비해 얼마나 비용이 많이 드는가?

비용 측면에서 볼 때, 가장 비용이 적게 드는 효과적인 질적 조사 방법이다. 응답자들에게 요구되는 시간은 매우 짧다. 진행자나 분석자들에 대한 비용은 전통적인 질문서, 여론 조사, 계량적 조사의 경우에 비해서 적게 든다.

하지만 이 방법은 전문 기술을 요한다. 조사를 의뢰하는 고객들이 투입하는 비용은 조사 결과를 활용하여 얻는 효과에 비해 미미하다. 흔히 이러한 효과들은 시스템의 실패를 예방해준다.

13. 아이디어 무한창출법은 악의적인 목적을 위해 사용될 수 있는가?

불행히도 그렇다. 이 방법은 과학과 기술 진보의 역사와 궤를 같이하며 선을 위해서도 악을 위해서도 사용될 수 있다. 우리는 이러한 진퇴양난의 딜레마를 지난 35년간 알고 있었다.

하지만 우리는 악의적으로 사용될 잠재적 가능성이 인간 복지 개선을 위해 사용될 더 높은 가능성에 대한 장애물이 될 수는 없다고 결론을 내렸다. 조사 분석가의 도덕적 고결성은 지극히 중요한 변수이나 이 사실은 다른 모든 연구 조사에서도 진리이다.

조직을 살리는 아이디어 무한창출법

교사용 안내서

아이디어 무한창출법을 다른 사람들에게 가르칠 경우에는 이 기법에 대한 더 깊은 이해가 필요하다. 여기서는 우리가 지난 35년간에 걸쳐 강력한 아이디어 창출법을 가르치고 적용하면서 터득한 몇 가지 중요한 요령과 주의할 점을 제공하고자 한다.

  여러분의 회사, 정부 기관, 학교, 병원, 재단 또는 비영리 조직에서 아이디어 무한창출법을 가르칠 업무를 수락하기 전에, 당신은 다수의 적용 경험(제3장)을 설계(제4장)로부터 시작해 서로 다른 도구들의 이용(제5장)을 거쳐 자료 모집과 분류(제6장)와 성과 개선 제품(제8장)에 이르기까지 충분히 쌓아야만 한다. 이러한 경험을 거치지 않게 되면, 원치 않는 2가지 결과가 나타날 수 있다.

첫째, 조사자로, 분석가로, 당신이 신뢰를 잃게 되는 일이 발생될 수 있다. 둘째, 아이디어 무한창출법의 신뢰성에 해를 끼칠 수 있다는 점이다. '당신의 다음 승진이 성공 여부에 달려 있다면, 첫 적용으로는 아이디어 무한창출법을 사용하지 마라'는 것이 지난 수십 년간에 걸쳐 우리가 해온 충고이다.

1. 문제점 확인

문제점을 확인하는 것은 극히 중요한 첫 번째 단계이다. 이것은 아주 복잡한 하나의 도전이다. 지적 능력을 포착할 필요성을 유발하는 문제점들에 대한 개인적인 의견과 회사에 있는 일반적인 지식을 완전히 받아들이지 말아야 한다.

비록 그들의 견해는 조심스럽게 문서화되어야 하지만 이러한 사항들은 특히 지도부의 견해에 쉽게 받아들이지 말라는 것이다. 연구 결과들과 조직의 문제점에 대한 인식과 판단은 기능상 서로 다른 직책과 수직적 상하 수준에 따라서 다양하다는 것을 보여주고 있기 때문이다.

그러므로 당신이 구성한 핵심 응답자 집단과의 첫 번째 만남은 문제점 추출을 위한 목적으로 필요하다. 이 경우에는 '어떻게 개선할 수 있을까?'에 대한 한 가지 질문만이 요구된다.

만일 문제점들이 명확하고 단순하다면 해결책은 자명하다. 당신의 분석적 절차는 별도로 요구되지 않을 수도 있다는 것을 알아야 한다. 당신이 연구 조사를 위해 시행한 최초 인터뷰 중에 당신에게 알려진 문제점들에 대하여 아이디어 무한창출법을 적용하려고 한다면, 당신은 존재하지도 않는 문제들을 해결하려고 관련이 없는 데이터베이스를 만들어내는 우를 범하는 것이다.

지도부와 경영진의 근본적인 목적은 진정한 문제점을 확인하고 의사결정자들이 선택할 수 있는 해결 대안책들을 만들어내는 것이라는 사실을 마음에 새겨두기 바란다.

2. 당신의 적용을 위한 설계

제4장에서 아이디어 무한창출법의 적용을 위한 설계의 기본 원칙들을 살펴보았다. 그러나 당신의 특정한 주변 상황을 이루고 있는 세부적 특징들은 온라인, 수작업 또는 혼합형 자료 모집 모형의 선택과 설문의 설계, 그리고 일련의 설문과 핵심 집단 구성원 계획을 위한, 몇몇 선택안을 생략할 것이다.

시간은 중요한 변수이다. 당신은 자료를 포착하고 분석하는 데 있어 시간 제약이 있을 것이다. 당신의 고객들은 당신이 발견한 사항들과 제안들을 보고 싶어 조급해할 것이다. 결과물을 내놓기 위해 당신이 시간적 압박을 얼마나 받게 되는지와는 관계없이, 그동안의 역사로 볼 때 아이디어 무한창출법의 적용이 덜

최적화되었던 경우에도, 유용한 결과를 창출해내는 저력을 가지고 있다는 것을 확실하게 보여주었다.

3. 아이디어 무한창출법 도구들

제5장에서는 각종 도구를 다루고 있다. 올바른 도구가 이용될 때, 자동차 바퀴의 고무는 도로와 잘 어우러진다.

각 도구를 다른 사람들에게 가르치고자 여러분 자신이 준비하기 위해 예민하지 않은 상황에서 이들 도구를 가지고 실험을 해보라. 학교나 대학의 교실은 실험하기 좋은 장소다. 교실은 이 도구들을 배우고 가르치는 것이 주목적인 학구적 환경이다. 이 경우에 얻은 자료는 의사결정자에게 보낼 필요가 없다.

만일 도구의 운행 과정에 대한 당신의 지식 수준에 확신이 선다면 당신의 도구 적용이 적정 수준에 못 미치더라도, 당신은 다른 아이디어 창출 방법들에 비교해볼 때 훨씬 나은 결과물을 얻게 될 것이다.

4. 자료 수집과 저장

아이디어 무한창출법으로 당신이 수집하는 아이디어 자료는 최초의 예비적인 조사 자료이다. 당신은 핵심 응답자 집단 구성원들의 응답에 대해서 그들에게 보장한 익명성(익명에 의한 자료 포착에는 몇몇 예외가 있다는 것을 유의하라)을 유지할 책임이 있다.

대학들은 일반적으로 석박사학위 지원자들의 최초 자료를 최대 7년까지 비밀문서로 보관하도록 한다. 이 방법을 가르칠 때 당신은 반드시 학생들에게 수집한 자료의 예민성을 강조하여야 한다. 만일 이를 어길 경우 여기에 적용되는 법률이 있을지도 모른다. 업무 성과의 개선이 목적이다. 업무 개선은 현존하는 조직의 현실을 만들어낸 경영진에 의해서 항상 좋게만 받아들여지지 않는 등 변동적이다.

과거 또는 현재의 효율성이나 생산성 문제에 대하여 책임이 있는 사람들을 벌주려는 의도를 취하지 마라. 품질 과학의 선구자인 에드워즈 데밍의 처방 "조직을 비난하라, 사람을 비난하지 마라"를 도입하라. 거의 대부분의 조직 문제들은 조직상의 문제들이며, 경영진은 그 조직에 대하여 책임이 있다. '잘못한 사람을 찾는 것'이 경영진이 원하는 목표인 경우, 그 직원들에 대한 당신의 조사에 예기치 않은 장애를 경험하기 시작할 것이다.

경영진이 당신의 전문 지식과 방법이 품질과 생산성을 향상시키는 데 도움을 줄 수 있다고 여긴다면, 그들은 당신이 그들의 직원들과 함께 작업하는 것을 방해하는 장애물을 만들지 않을 것이다.

5. 해결책 찾기: 자료 체계화 및 축소

이제 당신은 아이디어 무한창출법 자료를 분류하는 일이 가장 이해하기 어려운 부분이라는 것을 알게 되었다. 아이디어 무한창출법을 처음으로 이용하는 사람들은 모두 짧은 시간에 포착될 수 있는 자료의 양과 질에 놀라움을 금치 못한다.

아이디어 산출을 위한 다른 방법들에 익숙한 사람들에게 이러한 놀라움은 특히 크다. 그러나 설문에 대한 수백, 수천의 응답들을 일단 보게 되면, 그 많은 양의 데이터베이스를 체계화하여 조직 개선 대안이 될 제품을 만드는 도전이라는 어려운 작업이 이해가 될 것이다.

자료 분류는 오직 오랜 시간에 걸친 경험에 의해서만 터득되는 예술이다. 이것을 사람들에게 가르치는 것도 시간을 필요로 한다.

제7장에서 설명한 4단계 경로로부터 이탈하지 마라. 그렇게 하면, 이 방법에 내재되어 있는 많은 잠재적인 능력의 이용 기회를 놓칠 것이다. 귀납법(제1단계)으로부터 연역법(제2단계)으로, 추론(제3단계)으로, 최종 제품(제4단계)으로 나아가는 논리적인 과정은 유효성이 증명된 아이디어 무한창출법 자료 축소 성능의 과학적 토대이다.

이것은 당신에게 새로운 전문 지식이 될 가능성이 매우 높다.

다른 사람들에게 이 방법을 가르칠 수 있도록 준비하기 위해서, 방법들을 복잡한 프로젝트들에 점진적으로 반복해서 활용해보기 바란다.

6. 최종 제품

의사결정자들에게 주어지는 연구 조사 결과, 즉 최종 제품은 개선을 위한 수단이다. 제품의 범위는 모임 중에 준비된 설문에 의해 즉석에서 응답자들로부터 산출되는 수개의 아이디어부터 수년간의 연구 조사를 통해 나오는 책, 또는 중국의 새로운 공항 건설을 위한 계획의 형태에 이르기까지 다양하다.

연구 조사의 결과인 제품을 건네줄 준비가 되었다는 것을 어떻게 알 수 있는가? 우리가 인용할 수 있는 좋은 예는 과일나무이다. 과일이 딸 정도로 익었을 때가 언제인지를 과수원 사람들은 잘 알고 있다.

의사결정자에게 제품을 전달하기 위해 서명하여 만족할 만한 높은 품질과 기술을 갖춘 내용으로 아이디어 무한창출법 분석가로서 당신의 전문가 정신을 보여주고자 한다면, 바로 이때가 과일이 충분히 여문 때일 것이다.

전반적인 기준은 '본 제품이 개선을 가져올 것인가?'라는 질문에 대한 당신의 확신에 찬 대답, 즉 '예'가 되어야 한다. 만일 당신이 확실한 대답을 하기에 제품의 완성도가 충분치 않다면, 이 경우에는 더 많은 자료를 추가하여 수집하고 보완하며, 자료의 분류 작업을 재검토할 필요가 있다는 것을 의미한다.

당신 제품에 대하여 '옳은가' 또는 '옳지 않은가'를 질문하는 것과 이를 결정하려고 시도하는 것 사이에는 분명한 차이가 있다. 복잡한 문제들에 대한 개선책을 찾는다는 것은 단지 더 나은 것을 발견하는 것이지, '가장 좋은 것, 또는 윤리적인 것은?'일 필요는 없다. 후자는 훨씬 더 어려운 질문이다.

이러한 질문들의 차이에 대하여 왜 아이디어 무한창출법이 의견 또는 '좋은 점은 무엇이고, 나쁜 점은 무엇인가?' 식의 의견을 묻거나 조사를 요구하는 전통적인 조사 방법에 비해 더 유용한지, 그 이유를 설명해주어라. 의사결정자들은 절대로 단지 의견에 의지해서만 결정을 하지는 않는다. 그들은 계속해서 적게 들여 더 나은 결과를 얻는 방법, 그리고 비용 측면에서 비효율적인 부분이나 실패를 피해가는 방법을 찾는다.

우리는 제품에 대하여 주의해야 할 사항 한 가지를 덧붙이고자 한다. 외부 분석가로서 당신은 대개의 경우 조사 의뢰자인 고객이 생산하는 제품과 서비스에 관한 전문가가 아닐 가능성이 높다. 당신은 그 대신 연구 조사자로서 다른 사람들의 전문 지식을 포착하는 전문가가 될 것이다.

다만, 당신의 고객인 경영진이 충분히 조사되지 않은 제품 아이디어를 제안한 보고서를 받아들일 수도 있다는 것을 사전에 알려야 한다.

7. 아이디어 무한창출법의 철학과 가치

제1장과 제2장에서는 강사인 여러분들에게 강력한 잠재력을 가진 본 도구의 '이유'와 '이야기'를 보여주고 있다. 우리가 그렇게 많은 시간과 열정을 다 바쳐 왜 아이디어 무한창출법에 집중했는지 그 이유에 관해 좀 더 강조하고자 한다.

미국의 뛰어난 철학자, 교수, 편집가이자 작가인 노만 쿠신스Norman Cousins가 있다. 가르치는 교육자라면 모두 그의 책을 읽어보아야 한다. 《인간의 선택Human Option》(1981)에서 그는 다음과 같이 말한다.

좀 더 나은 세계로의 출발점은 그것이 가능하다는 믿음이다. 문명은 상상력에서 시작한다. 황당한 꿈이 현실로의 첫 번째 발걸음이다. 이상과 아이디어는 그것들이 공유될 때만 힘을 가진다. 그때까지 그것은 단순히 일종의 백일몽에 불과하다.

사람들이 자신들에게 그리고 다른 사람들에게 더 잘 봉사하도록 도와주고자 하는 숭고한 정신이 (선생님들에게 물질적 보상이 제대로 이루어지지 않는 때에도) 계속해서 선생님들을 교실로 돌아오게 하는 것이리라. 인간의 개발과 지구에서의 그리고 우주로 향하는 인류의 생존이 궁극적이고 숭고한 목적이라고 확신한다.

인간의 지적 능력은 극심한 고통, 불확실성, 역경, 새로운 현상들 그리고 복잡성을 거쳐 현재까지 인류를 살아남게 한 특효약이다. 인간의 좋은 미래를 위하여, 그리고 우리의 지구를 위하여, 전 세계의 지적 능력을 포착하는 것은 어느 곳에서 일하고 있든지 간에 교육자들에게 맡겨진 임무이다.

그렇게 아이디어 무한창출법을 가르치는 것은 우리를 가장 만족하게 해주는 교육적 노력 중 하나가 되어왔다.

1925년에 젊은 미국 대학교수 크로포드 박사는 그의 첫 번째 교
재를 집필하기 위해 방대한 양의 주석과 참고 서적을 노트에 적
어야 했는데 이 지루한 일에 좌절감을 느꼈다. 그래서 주석과 자
료 정리를 어떻게 할 것인가를 생각했다.

그는 조그마한 종이쪽지들을 준비해 쪽지 위에 주제별, 책의
장별, 절별, 단락별, 문장별로 써야 할 내용을 따로따로 기록해두
고 나중에 필요한 대로 분류해서 사용할 수 있도록 아이디어들
을 구분하여 기록하는 방법을 고안해냈다.[18] 후에 이 방법을 '크
로포드 슬립 기법'이라고 이름 붙였다.

크로포드는 남가주대학교에서 교육학 교수로 1926년부터
1956년까지 재임하는 동안, 대학원생들에게 조사 방법론을 가르
칠 때 이 방법을 소개했다. 이 분야에 관한 그의 연구들은 나중에
그의 폭넓은 경영 상담을 위한 기법이 되었다. 그의 개인 도서관

에는 그가 도서관 이용자들과 동료 교수들을 위해서 기술한 책과 논문, 수백 개에 달하는 보고서가 보관되어 있다.

나는 1981년 당시 83세의 명예교수인 크로포드 박사에게 남가주대학교로 돌아와 학제 간 교육 프로그램으로 개발한 'USC 생산성 네트워크'의 경영 상담 및 조사 연구팀을 이끌어달라고 설득했다.

1992년 크로포드 박사가 세상을 떠날 때까지 11년간 대학교수들과 경영 전문가들로 이루어진 연구팀을 구성하고 그와 함께 연구하는 과정에서 크로포드 슬립 기법을 재정비하여 대학 교과과정에 한 교육 과목으로 포함시키는 데 기여했다. 그 기간에 이루어진 연구 결과를 학술 잡지와 책을 통해 출판할 수 있도록 이끌었다.

1985년에 남가주대학교 당국은 이 기법을 컴퓨터로 전산화하는 방법을 집중 연구하도록 6개월간의 연구년을 허락했다. 이 기간에 나는 기법을 보급하는 데 필요한 여러 연구를 진행하는 한편 기법의 자동화와 온라인 방식에 의한 전산화 작업을 마무리지었다. 이때 크로포드 슬립 기법이 보완 및 개편이라는 일련의 연구 과정을 거쳐 **아이디어 무한창출법**이라는 이름으로 새로 태어난 것이다. 크론연구소는 드디어 1998년도에 아이디어 무한창출법Ideas Unlimited이라는 미국상표등록번호(2347492)를 획득했다.

미국에서 품질관리의 원리가 시작되기 오래전에는 현장에서 실제로 일하고 있는 사람들의 노하우를 문서화하거나 자료로 축적하지 않고 있었다. 아이디어의 창출을 위한 중요한 자원임에도 불구하고 말이다.

이런 지식 자산의 가치를 미국의 지도자들이 충분히 깨닫지 못하고 있다는 사실을 간파한 사람이 바로 크로포드 박사였다. 이 기회를 빌려 그의 선각자적인 연구와 제안에 대해 깊은 감사를 드리며 그의 업적에 깊은 존경의 뜻을 표현하고자 한다.

아이디어 무한창출법이 지금의 상태로 발전하는 데 기여해준 또 한 분은 브레인스토밍 기법을 세상에 알린 선구자 찰리 클락이다. 1960년대에 크로포드 박사에게 크로포드 슬립 기법이라는 이름을 제안했으며 나와 함께 전문 학술지에 발표한 논문을 여러 편 공동 집필했다.[19]

찰리 클락은 아이디어 무한창출법이 브레인스토밍 기법에 없는 여러 새로운 특성을 갖추고 있다는 사실을 학술지를 통해 밝혔다. 그는 1985년도에 전문가적 견해로 "크로포드와 크론의 아이디어 무한창출법이 지닌 가치는 '브레인스토밍 기법'의 약점을 보완해냈다는 점이다"라고 천명한 사람이다.

그리고 찰리 클락은 이 책의 2007년 초판 원고를 출판하기 전에 검토했는데 그 내용은 아래와 같다. 창의력 분야의 친구인 찰리 클락에게 심심한 감사를 드린다.

찰리 클락은 1958년 《브레인스토밍: 성공적인 아이디어를 어떻게 창출할까Brainstorming: How to Create Successful Ideas?》라는 책을 출판했으며 수백만 권이 팔렸다. 1983년 이후 찰리 클락은 밥 크론과 함께 아이디어 창출 동료로 함께 활동했고, 1990년에 "크로포드 · 크론 방법Crawford and Krone Method은 브레인스토밍에 가치 있는 새로운 능력을 부여해주었다"라는 글을 남겼다.

2003년도에 찰리 클락은 창의적 교육재단의 명예의 전당에 오른 네 명의 인사 중 한 사람으로 선정되었다. 2006년 12월에 찰리 클락은 밥 크론에게 이렇게 말했다. "축하합니다. 밥, 당신은 결국 큰 고래를 낚아 배에 끌어 올렸네요!"

1992년 크로포드 박사가 세상을 떠난 후 수년 동안, 나는 아이디어 무한창출법을 통한 교육 훈련, 경영 상담, 출판 등 많은 활동을 해왔으며 대상 지역은 미국을 위시하여 아시아, 남아메리카, 유럽, 호주 등 여러 나라로 그 범위를 넓혀왔다. 1981년부터 2006년에 걸쳐 내가 지도한 석박사과정 학생들은 이 기법의 적용 대상과 유용성에 대한 타당성을 폭넓게 여러 분야에서 이론적으로 입증해왔다.

연세대학교 김기영 교수는 나와 1976년부터 남가주대학교 시스템 관리 대학원 프로그램의 동료 초빙 교수로 알게 된 이후 학문적으로 교류해온 창의적 사고의 전문가이다. 김 교수는 창의적 문제 해결과 의사결정에 관한 그의 연구와 교육을 토대로 경영자 훈련 교육 프로그램을 개발했다.

김 교수는 경영자 교육 프로그램을 위해 이른바 기업의 '창조적 경영'의 주요 기법으로 아이디어 무한창출법을 채택해주었으며 이 책의 출판을 위해 서문을 써주었다. 이에 대하여 깊이 감사드리는 바이다.

아이디어 무한창출법이 교육 훈련 자료로서 또한 연구와 저술의 주제로 자리를 잡아오기까지 많은 기관의 지원이 있었으며 그중에서 오랜 기간 동안 남가주대학교(1981~1992)와 라시에라 대학교(1992~2007)에서 나에게 보여준 지원과 배려는 이 기법이 지속적으로 발전하는 데 매우 중요한 역할을 했다.

그리고 영광스럽게도 라시에라대학교는 2018년 6월 졸업식에서 내게 명예법학 박사학위를 수여했다. 이 두 대학 당국에 진심으로 감사의 뜻을 전하는 바이다.

밥 크론
살레나 그레고리-크론

참고문헌

크로포드 슬립 기법을 이용했거나, 이에 관하여 크로포드 박사에 의해서 산출된 결과물들과 함께, 현존하는 아이디어 무한창출법에 대한 가장 포괄적인 관련 서적 목록이다. 아이디어 무한창출법의 사용 기간이 92년으로 유례가 없을 정도로 길어, 출판물은 시간상 역순으로, 저자명 알파벳순으로 수록했다. 이 주제들은 지금까지 아이디어 무한창출법에 널리 적용되었고 계속해서 적용되고 있다는 것을 보여준다.

The Krones: Dr. Bob and Salena-Gregory-Krone(2019). *Ideas Unlimited: Capturing Global Brainpower*. 2nd Edition, Stratton-Press.

Krone, Bob, PhD, Editor(2006). *Beyond Earth: The Future of Humans in Space*. CGPublishing, Apogee Space Press, 293. 우주에서의 인간의 미래 정착과 지구 및 인류가 얻는 효익에 초점을 맞춘 첫 번째 책이다. 본서의 진행을 위해, 2년간에 걸쳐서 공동 저자인 42명의 우주 전문가들과 함께 아이디어 무한창출법을 이용했다. 〈유니버스 투데이Universe Today〉는 이 책을 "2006년 가장 훌륭한 우주 관련 서적"으로 선정했다.

Siegel, Gilbert B. and Ross Clayton(1996). *Mass Interviewing and the*

조직을 살리는 아이디어 무한창출법

Marshalling of Ideas to Improve Performance: The Crawford Slip Method. New York: University Press of America. 127. 로스 클레이튼과 길버트 시겔은 남가주대학교 행정학 교수였다. 그들은 1981년에 크로포드 박사가 은퇴 상태에서 남가주대학교로 돌아왔을 때, 그와 함께 일하도록 만들어낸 전문가 집단의 활동적인 멤버였다.

Clayton, Ross and C. C. Crawford(1992). *Authorship for Productivity by the Crawford Slip Method(CSM)*, Los Angeles: School of Public Administration, University of Southern California.

Krone, Robert M.(1991). *Essays for Systems Managers: Leadership Guidelines*. Chapter 14, "Brainpower Productivity". 남가주대학교 조직행동 이학석사 학위 프로그램에서 이를 가르칠 당시, 크로포드 슬립 기법에 관하여 한 기술.

Krone, Robert M.(1985). "Problem Formulation Through Networking with the Crawford Slip Method", *Proceedings of the Society for Systems Research*, International Conference, Los Angeles, May 27-31, 1985, Vol I, Bela H. Banathy, Editor-in-Chief, 482-487.

Rusk, R. A. and Robert M. Krone(1984). "The Crawford Slip Method and Performance Improvement," in *Human Factors in Organizational Design and Management*, H. W. Hendrick and O. Brown, Eds., North-Holland: Elsevier Science Publishers, 251-257.

Rusk, R. A. and Robert M. Krone(1984). "The Crawford Slip Method (CSM) as a Tool for Extraction of Expert Systems", *Human Computer Interaction*, G. Salvendy, Ed., Amsterdam: Elsevier Publishers, 279-282.

Crawford, C. C. John W. Demidovich and Robert M. Krone(1984).

Productivity Improvement by The Crawford Slip Method, Los Angeles: School of Public Administration, University of Southern California, 41. 크로포드 박사의 이 책과 아래의 책은 1954년 이래, 크로포드의 방법에 관한 첫 번째 교재이다. 크로포드 박사와 함께 일하면서 그의 방법의 사용을 널리 퍼트리기 위해 밥 크론이 기업, 정부와 대학의 전문가들로 구성한 팀에 의해서 촉진되었다. 크로포드 박사의 지도하에 이 팀이 성공하여 남가주대학교 당국은 1984년도에 그의 방법을 가르치고, 경영 상담하며 출판하는 것으로 진척시키기 위해 "USC 생산성 네트워크"를 승인했다. 해당 팀은 1992년 크로포드 박사가 돌아가실 때까지 존재했다.

Crawford, C. C. and Demidovich, John W.(1983). *Crawford Slip Method: How to Mobilize Brainpower by Think Tank Technology*. Los Angeles, California: University of Southern California School of Public Administration, 64. 1981년도에 크로포드 교수가 남가주대학교로 돌아온 후, 그의 방법에 관하여 쓴 첫 번째 책.

Gerletti, John D. and C. C. Crawford(1965). *Civil Defense Management*, Los Angeles: Civil Defense Training Program, 249. 대학과 현장의 창의성을 냉전기에 국방관리 및 훈련에 활용할 수 있도록 하기 위한 연방 정부 노력의 일환이었던 주요 연구. 크로포드 박사의 기술 절차 도구는 제 역할을 했다.

Gerletti, John D., C. C. Crawford and Donavan Perkins(1961). *Nursing Home Administration*. Downey, California: Attending Staff Association, 472. 캘리포니아 주정부 공공건강국은 이 거대한 조사 프로젝트를 위한 연방 정부 지원금을 얻었는데, 이 프로젝트에서 크로포드 방법은 최초 자료 조사 도구로 이용되었다. 1960년대 후반에 크로포드 박사는 '크로포드 슬립 기법'이라는 이름을 사용하기 시작한바, 이는 일명 '미스터 브레인스토밍Mr. Brainstorming'인 찰리 클락이 그렇게 하도록 제안한 것이다. 이 경영 안내서는 아직도 노인들을 위한 사립 요양원과 높은 연계성을 가지고 있다.

Gerletti, John D., C. C. Crawford(1961). *How to Manage Your Leadership of Personnel*, Downey, California: Attending Staff Association of the Rancho Los Amigos Hospital, Inc., 85. 사립 양육원, 기숙 및 정신 위생 관리를 위한 훈련용 안내서.

Colling, R. C. and Hal Colling(1956). *A Training Manual in Field Inspection of Buildings and Structures*, Los Angeles: International Conference of Building Officials, 174. 크로포드 박사는 건물 관리자 국제회의에 의해서 수행되는 과정에 교사들을 위한 교육용 교재로 설계된 이 안내서를 위해 직업적 전문 지식을 통합하고자 로스앤젤레스 건물 관리국의 16개 독립 사법권 관할구의 22명의 대표자에게 그의 방법을 적용했다. 전문가 집단으로부터 개발되어, 매우 넓은 범위에 적용되고 있던 크로포드 박사의 반복적인 제품들의 한 예이다.

Crawford, C. C.(1956). *How to Be a Better Sales Manager: As Reported by 75 Sales Managers and Salesmen*. Los Angeles: C. C. Crawford Publisher, 36.

Crawford, C. C.(1956). *Professional Consultants' Operations and Techniques*. Los Angeles Chamber of Commerce, 47.

Crawford, Claude C.(1954). *How To Make Training Surveys*, Los Angeles: C. C. Crawford Publisher, 192. 크로포드 박사가 그의 교재《공부의 방법Methods of Study》(1926)을 저술하기 위해 1925년에 발명한 조사 방법을 위한 그의 완전한 첫 번째 교재이다. 30년간이나 사용해오던 그의 방법은 이름이 없었으나, 1960년 후반에 이름이 지어졌다. 그리고 또 다른 20년이 흐른 다음에야 'USC 생산성 네트워크'를 위한 1983년 및 1984년도 교재가 쓰였다. 크로포드는 놀라울 정도로 다양한 주제에 관해 글을 쓰거나 조사를 하는 데 그의 방법을 계속 사용해왔다. 이론적인 작가가 아니라, 'How to'를 가지고 다른 사람들을 돕는 실천가였던 것이다.

Crawford, Claude C.(1950). *Community as Classroom*, Los Angeles: C. C. Crawford Publisher, 114. 학교와 사회의 더 나은 통합을 달성하기 위해서 설계된 크로포드 박사의 1950년 여름 대학원 과정을 위한 제품.

Crawford, C. C. and Curriculum Laboratory of the University of Southern California(1949). *Laboratory Problems in the Secondary Curriculum*. Los Angeles: C. C. Crawford Publisher, 90.

Crawford, C. C., et al(1949). *Methods Syllabus: A Course in Classroom Technique for Experienced Secondary School Teachers*. Los Angeles: C. C. Crawford Publisher, 98.

Crawford, C. C., et al(1949). *Evaluation Syllabus: Appraisal Techniques for Functional Teaching and Learning*. Los Angeles: C. C. Crawford Publisher, 116.

Blackstone, Earl G., Claude C. Crawford and Eltinge Grinnell(1942). *Selling*, Boston: D.C. Heath and Company, 338. 출간 전, 손으로 쓴 초고 형태로 재검토하기 위해 저자들이 선생, 대학 부서별 교수, 대학원 학생 그리고 판매 책임자들과 협력한 상술에 관한 완전한 책.

Crawford, C. C.(1941). *Measurement Syllabus*. University of Southern California. Los Angeles: C. C. Crawford Publisher, 24.

Crawford, Claude C. and Merritt M. Thompson(1938). *The School and Society: A Syllabus*. School of Education, University of Southern California. Los Angeles: C. C. Crawford Publisher, 32.

Crawford, Claude C.(1938). *Syllabus in the History of American Education*. Los Angeles: C. C. Crawford Publisher, 31.

Crawford, Claude C.(1938). *Syllabus in Functional Education*. Los Angeles: C. C. Crawford Publisher, 29.

Crawford, Claude C.(1938). *Syllabus in Teaching How to Study.Los Angeles*: C. C. Crawford Publisher, 32.

Crawford, Claude C., Louis P. Thorpe and Fay Adams(1938). *The Problems of Education*. Los Angeles: Institute of Southern California School Book Depository, 239. 남가주대학교 교육 대학의 과정을 위한 교재.

Crawford, Claude C.(1935). *Syllabus in Supervision*. Los Angeles: C. C. Crawford Publisher, 219pp. & Crawford, Claude C. *Syllabus in the History of American Education*. Los Angeles: C. C. Crawford Publisher, 31.

Crawford, Claude C.(1930). *Studying the Major Subjects*, Los Angeles: C. C. Crawford Publisher, 384. 1925년에 박사학위를 받은 이래, 크로포드 박사의 6번째 교재이다. 여기에는 각각 'How to'로 시작되는 144개의 짧은 장과 함께 11개의 주요 부분(문학, 작문, 외국어, 수학, 물리와 화학, 생물학, 역사, 사회학, 응용예술, 체육과 건강, 그리고 순수예술)이 있다.

Crawford, Claude C. and Lois P. McDonald(1929). *Modern Methods in Teaching Geography*. Cambridge, Massachusetts: The Riverside Press, 306.

Crawford, Claude C.(1928). *The Technique of Study*. Cambridge, Massachusetts: The Riverside Press, 353. 크로포드 박사는 본서를 그의 스승인 차터스 박사에게 헌정했다.

Crawford, Claude C(1926). *Methods of Study*. Moscow, Idaho: University of Idaho, 163. 크로포드 박사가 그가 발명한 슬립 기록 방법으로 쓴 첫 번째 책이다. 이로 인해서 그는 같은 해 남가주대학교에서 직책을 얻었다.

1 Will Durant, *The Story of Philosophy*, first published 1926, 2nd Edition, 1953, Simon and Schuster, New York, p. 26-27. Durant credits D. G. Ritchie's *Plato* (Edinburgh, 1902) with first details of Plato's Doctrine of Ideas.

2 찰리 클락과 나는 1984년에 공동 연구를 시작했다. 찰리 클락이 1985년에 나에게 보낸 편지에서 한 말이다.

3 암묵적 지식은 배움의 과정을 통해서 얻게 되는 지식인 외재적 지식과 대비되는 것으로서 생활하면서 얻게 되는 지식이다. 암묵적 지식의 많은 부분은 잠재의식하에 있으며, 정상적인 사고 과정으로 회생되지 않는다. 이 용어의 최초 사용자로 알려져 있는 학자 마이클 폴리아니의 많은 저술을 참조(제9장 참조).

4 연상기억과 아이디어 무한창출법의 연계는 남가주대학에서 MBA 과정을 밟던 의사 마크 밸리에 의해서 처음 인식되었다. 내가 그에게 '아이디어 무한창출법'을 소개했고, 그는 MBA 연구를 위해서 같은 방법을 채택했다. "Southern California Medical Consortium: A Systems Model"(1987.12.22.). 후에 나와 밸리 교수는 논문 Marc A. Valley, MD,

MSSM and Robert M. Krone, Ph.D., "Crawford Slip Method Theory: Management and Neurological Sciences"(1992.2.1.)를 공동 저술했다. 이 논문은 발표되지 않은 채 크론연구소 파일에 남아 있다.

5 크로포드 박사는 *Dun's Review and Modern Indunstry*, A Dunn & Bradstreet Publication, 1956에 제출한 그의 논문 "Ideas Have Offspring: How to Promote Creative Thinking by Company Personnel"에서 이 과정을 자세히 설명한다. 이 논문은 발표되지 않은 채 크론연구소 파일에 보관되어 있다.

6 Jonas Salk, *Survival of the Wisest*(New York: Harper & Row Publishers, 1973), p. 67.

7 Strategic Avionics Technology Working Group "Final Report", July 1993 Meeting, Houston, Co-Sponsored by NASA/JSC and University of Houston, Clear Lake. Subcontract #02N0182366, Lockheed Engineering Science Company-Krone Associates. Available through Krone Associates, BobKrone@aol.com.

8 받은 이메일로 발신자가 확인되므로, 반응자들의 익명성을 보장하기 위해 제출된 반응들을 받은 각 이메일에서 당신이 수집하고 있는 데이터베이스로 추가해라(제7장 참조).

9 Alvin B. Rosenbloom, DDS, FACD, Charles M. Goldstein, DDS, MPH, FACD, and C. C. Crawford, Ph.D., *Dental Ethics Handbook: How to Improve Ethical Behavior in Dentistry*, School of Dentistry, University of Southern California, 1989.

10 The Final Report, titled "Supplier Partnership Within the Aerospace & Defense Industries: How to Improve Relationships between Government, Prime Contractors, and Suppliers"(51pp)라는 제목이 붙

은 쿠퍼스 앤 라이브런드를 위한 최종 보고서가 1990년 6월 5~6일에 댈러스에서 내가 포착한 아이디어 무한창출법 자료에 근거하여 작성되었다.

11 Michael Polyani, *Science, Faith and Society*(1946); *Personal Knowledge*(1958); *The Study of Man*(1959); *The Tacit Dimension* (1966). See, also, Robert M. Krone, *Systems Analysis and Policy Sciences: Theory and Practice*(John Wiley & Sons, 1980).

12 Marc A.Valley, M.D., "Southern California Medical Consortium: A Systems Model", Defense Logistics Studies Information Exchange(DLSIE), Document #079907A, June 1989; and Marc A.Valley, M.D. "Medical Professional Staff Management: Use of the Crawford Slip Method as a Feedback Tool", Masters Degree Study for the University of Southern California, 1988.

13 Marc A.Valley, M.D. and Robert M. Krone, PhD, "Crawford Slip Method Theory: Management and Neurological Sciences"(Los Angeles: USC/MSSM Degree Program paper, 1 February 1992, unpublished).

14 See Bob Krone, Ph.D., Editor, *Beyond Earth: The Future of Humans in Space*(Apogee Space Press, CGPublishing, Inc., 2006).

15 Yehezkel Dror, *The Capacity to Govern*(London: Frank Cass Publisher, 1994), Flyleaf.

16 Bob Krone was coathor for a book on this subject. See Lawrence G. Downing, DMin, Robert M.Korne, Ph.D and Ben A.Maguard, *Value Analysis for Moral Leadership*(2016) Free download at BookBoon. com

17 See Robert M. Krone, "Science and Technology for What?" Review of Policy Research 22, no.4(July 2005), 555-569, *Ideas Unlimited* captured the views of fifty global professionals to answer that question.

18 The first book to be written by this method was Claude C. Crawford, Ph.D., *Methods of Study*(Moscow, Idaho: University of Idaho, 1926), 163pp.

19 Robert M. Krone and Charles H. Clark, "Improving Brainpower Productivity", *Journal for Quality and Participation*(December 1990), p.80-84; and Charles H. Clark and Robert M. Krone, "Using the Crawford Slip Method to Improve Brainpower Productivity", *Journal for Quality and Participation*(December 1991), p. 78-83.

조직을 살리는 아이디어 무한창출법

조직을 살리는 아이디어 무한창출법